BESTACTIVITYBOOKS.COM

EERSTE EDITIE - Gepubliceerd in 2022

Extra grafisch materiaal van: www.freepik.com
Dank aan: Alekksall, Starline, Pch.vector, Rawpixel.com, Vectorpocket, Dgim-studio, Upklyak, Macrovector, Stockgiu, Pikisuperstar & Freepik.com Designers

5 TIPS OM TE BEGINNEN!

1) HOE OP TE LOSSEN

De Puzzels zijn in een Klassiek Formaat:

- Woorden worden verborgen zonder pauzes (geen spaties, streepjes, ...)
- Oriëntatie: Voorwaarts & Achterwaarts, Boven & Beneden of in Diagonaal (kan in beide richtingen)
- Woorden kunnen elkaar overlappen of kruisen

2) ACTIEF LEREN

Naast elk woord is een spatie voorzien om de vertaling te noteren. Om actief te leren vindt u een **WOORDENBOEK** aan het einde van deze editie om uw kennis te controleren en uit te breiden. U kunt elke vertaling opzoeken en opschrijven, de woorden in de puzzel vinden en ze vervolgens aan uw woordenschat toevoegen!

3) TAG JE WOORDEN

Hebt u al geprobeerd een labelsysteem te gebruiken? U zou bijvoorbeeld de woorden die moeilijk te vinden waren kunnen markeren met een kruis, de woorden die u leuk vond met een ster, nieuwe woorden met een driehoek, zeldzame woorden met een ruit enzovoort...

4) ORGANISEER UW LEREN

Wij bieden ook een handig **NOTITIEBOEKJE** aan het eind van deze uitgave. Of u nu op vakantie, op reis of thuis bent, u kunt uw nieuwe kennis gemakkelijk ordenen zonder dat u een tweede notitieboek nodig hebt!

5) AFGESLOTEN?

Ga naar de bonussectie: **FINAAL UITDAGING** om een gratis spel te vinden dat aan het einde van deze editie wordt aangeboden!

Wil je meer leuke en leerzame activiteiten? Het is Snel en Eenvoudig!
Een hele collectie spelboeken slechts één klik verwijderd!

Vind uw volgende uitdaging bij:

BestActivityBooks.com/MijnVolgendeBoek

Klaar... Start!

Wist u dat er zo'n 7000 verschillende talen in de wereld zijn? Woorden zijn kostbaar.

We houden van talen en hebben hard gewerkt om de boeken van de hoogste kwaliteit voor u te maken. Onze ingrediënten?

Een selectie van onmisbare leerthema's, drie grote plakken plezier, dan voegen we er een lepel moeilijke woorden en een snuifje zeldzame woorden aan toe. We serveren ze met zorg en een maximum aan verrukking, zodat je de beste woordspelletjes kunt oplossen en veel plezier beleeft aan het leren!

Uw feedback is essentieel. U kunt een actieve bijdrage leveren aan het succes van dit boek door een recensie achter te laten. Vertel ons wat u het meest beviel in deze editie!

Hier is een korte link die u naar uw bestelpagina brengt:

<u>BestBooksActivity.com/Recensies50</u>

Bedankt voor uw hulp en veel plezier met het spel!

Linguas Classics

1 - Metingen

K	G	Y	J	H	D	I	M	H	I	X	H	I	M	B	L
C	I	W	I	Ö	C	O	D	K	W	U	R	P	F	B	U
B	E	L	O	J	V	O	L	L	F	L	K	G	V	F	N
B	I	N	O	D	A	R	G	K	V	Ä	O	D	T	L	S
P	R	U	T	G	R	U	E	N	H	N	M	A	R	G	Z
W	E	E	L	I	R	G	F	G	G	G	A	Y	G	S	B
Z	T	T	D	K	M	A	U	R	L	D	S	L	E	O	D
T	I	Y	J	D	N	E	M	U	T	M	S	G	B	O	W
U	L	B	C	X	S	U	T	M	J	B	A	D	W	F	U
O	E	V	D	J	U	P	E	E	R	E	T	E	M	F	S
T	F	I	K	X	Y	I	O	S	R	R	O	C	U	N	E
F	N	K	V	O	L	Y	M	W	T	U	N	I	M	Y	F
R	E	T	E	M	O	L	I	K	G	T	V	M	B	T	I
J	K	O	B	A	G	A	P	X	T	O	E	A	U	L	Z
T	L	R	M	T	W	Y	H	K	F	L	Y	L	I	O	I
R	X	W	R	M	O	I	R	O	I	R	H	D	I	U	V

BREDD
BYTE
CENTIMETER
DECIMAL
DJUP
VIKT
GRAD
GRAM
HÖJD
TUM
KILOGRAM
KILOMETER
LÄNGD
LITER
MASSA
METER
MINUT
UNS
TON
VOLYM

2 - Opwarming van de Aarde

I	I	G	N	I	L	K	C	E	V	T	U	Z	U	S	H
Z	X	R	F	V	J	Z	S	N	C	F	U	K	I	O	W
S	M	W	J	R	V	W	B	E	R	M	S	O	G	Y	K
E	Y	I	S	I	L	H	D	R	F	W	F	N	E	X	O
D	F	E	S	Y	L	U	K	G	E	B	G	S	N	B	X
I	Ö	J	L	I	M	V	V	I	I	N	G	E	E	E	D
T	E	M	P	E	R	A	T	U	R	E	R	K	R	F	F
M	C	A	T	A	D	K	A	N	T	G	V	V	A	O	O
A	Ä	G	R	K	M	L	M	B	S	L	T	E	T	L	R
R	A	N	B	K	H	C	I	R	U	W	M	N	I	K	S
F	N	I	N	Y	T	L	L	D	D	J	U	S	O	N	K
O	R	R	D	I	L	I	K	P	N	O	K	E	N	I	A
W	G	E	J	E	S	W	S	M	I	E	U	R	E	N	R
S	D	G	T	Y	D	K	O	K	L	I	D	Z	R	G	E
E	R	E	G	A	S	D	O	O	M	J	Y	O	R	A	F
B	H	R	L	M	Z	F	T	R	F	Z	C	M	V	R	J

ARKTISK
KRIS
ENERGI
GAS
DATA
GENERATIONER
KONSEKVENSER
INDUSTRI
KLIMAT
MÄNNISKOR
MILJÖ
NU
UTVECKLING
BEFOLKNINGAR
REGERING
TEMPERATURER
FRAMTID
FORSKARE

3 - Keuken

G	R	I	L	L	D	A	M	K	Z	S	N	U	J	K	Z
V	E	L	S	Å	V	B	K	Y	R	K	K	U	G	A	N
A	F	R	Y	S	K	W	J	L	I	O	K	E	U	N	G
T	A	M	L	Y	X	S	S	S	X	P	N	S	D	N	L
T	K	R	Y	D	D	O	R	K	F	P	I	E	Ä	A	D
E	Y	A	E	L	J	A	D	Å	Ö	A	V	R	T	K	R
N	E	L	B	U	R	K	S	P	R	R	A	V	P	G	X
K	E	F	F	Z	V	F	F	M	K	I	R	E	I	R	F
O	L	F	K	D	J	M	G	A	L	K	V	T	N	H	H
K	L	A	R	R	M	U	U	V	Ä	X	C	T	N	R	B
A	D	G	E	C	Z	I	H	S	D	D	Y	C	A	A	M
R	R	E	C	E	P	T	B	I	E	E	W	H	R	N	R
E	N	P	Z	N	J	K	J	G	O	M	T	P	O	N	B
O	T	R	U	S	F	O	X	V	Y	R	E	Z	P	C	P
P	R	N	X	I	J	V	H	V	V	J	B	E	O	Y	C
Y	A	P	T	D	L	O	U	S	R	O	R	C	U	O	K

KOPPAR
ÄTPINNAR
GRILL
VATTENKOKARE
KYLSKÅP
SKÅL
KANNA
SKEDAR
KNIVAR
UGN

SLEV
BURK
RECEPT
FÖRKLÄDE
SERVETT
KRYDDOR
SVAMP
MAT
GAFFLAR
FRYS

4 - Boten

N	B	U	M	S	A	D	O	L	F	U	T	H	T	L	A
A	Y	H	A	L	B	J	O	A	Z	T	N	A	B	Z	M
U	L	Y	M	O	T	O	R	C	M	O	L	V	E	H	A
T	K	I	L	H	N	C	O	Ä	K	N	I	U	S	X	S
I	C	W	F	B	U	I	G	E	F	A	V	G	Ä	C	T
S	L	V	J	Z	E	O	Å	X	Z	M	B	A	T	L	Y
K	H	Y	K	N	A	U	V	H	L	Ö	Å	R	T	F	M
A	Y	A	C	H	T	O	K	F	O	J	T	O	N	A	K
J	B	K	M	T	R	E	P	Z	I	S	D	N	I	E	T
A	K	D	U	N	S	R	T	U	B	O	J	D	N	P	S
K	Z	N	N	Z	J	A	E	T	Å	B	L	E	G	E	S
B	A	F	D	Z	Ö	K	F	N	O	N	L	M	R	T	O
F	Y	B	J	Z	H	N	U	M	W	L	C	L	M	L	T
Z	V	I	C	G	J	A	U	F	T	M	F	F	S	J	X
J	N	C	N	M	A	Y	G	Y	V	R	X	I	Z	B	J
W	C	M	D	G	E	D	K	A	P	Z	A	U	N	I	P

ANKARE
BESÄTTNING
BOJ
DOCKA
VÅGOR
YACHT
KAJAK
KANOT
MAST
SJÖMAN

SJÖ
MOTOR
NAUTISK
LIVBÅT
FLOD
REP
FÄRJA
FLOTTE
HAV
SEGELBÅT

5 - Chocolade

F	K	I	H	S	D	A	O	A	R	E	T	T	I	B	S
S	P	N	S	Ö	T	R	A	Z	E	G	G	H	R	V	O
M	M	G	K	X	R	O	N	G	T	X	C	N	B	E	C
G	M	R	J	Z	E	M	T	Y	T	C	O	A	K	A	K
T	W	E	Z	I	C	X	I	L	Ö	R	L	T	C	S	E
V	B	D	L	D	E	N	O	P	N	A	Ä	D	I	V	R
D	T	I	V	N	P	J	X	E	D	B	C	P	C	S	P
M	I	E	V	C	T	A	I	K	R	B	K	A	M	S	K
K	R	N	T	G	U	R	D	G	O	R	E	N	S	H	X
A	O	S	R	O	B	E	A	B	J	F	R	U	M	X	G
O	V	L	S	D	G	I	N	P	B	Y	P	O	C	O	F
M	A	I	A	I	T	R	T	P	U	I	L	W	R	D	Y
D	F	V	S	S	K	O	K	O	S	L	A	P	P	M	H
W	B	G	K	V	A	L	I	T	E	T	V	K	G	J	R
G	L	W	E	R	L	A	E	S	W	E	B	E	Z	I	D
K	F	N	O	W	Y	K	F	A	N	P	D	K	R	C	C

ANTIOXIDANT
AROM
BITTER
KAKAO
KALORIER
EXOTISK
FAVORIT
LÄCKER
INGREDIENS
KOLA
KOKOS
KVALITET
JORDNÖTTER
PULVER
RECEPT
SMAK
GODIS
SOCKER
SÖT

6 - Gezondheid en Welzijn #2

P	A	L	L	E	R	G	I	K	G	B	C	G	O	K	G
P	Å	F	D	X	X	K	M	S	A	P	H	Z	V	K	E
O	U	F	R	V	O	D	O	J	S	L	D	B	D	K	N
R	B	F	R	I	D	S	T	U	J	I	O	T	J	O	E
K	K	W	Y	E	S	Z	A	K	U	D	L	R	T	S	T
I	J	I	H	O	S	K	N	H	K	J	B	Y	I	T	I
W	I	B	C	I	J	T	A	U	D	S	H	B	M	K	K
M	A	S	S	A	G	E	N	S	O	N	Z	I	D	I	I
H	Y	G	I	E	N	B	K	I	M	J	U	F	W	V	N
O	O	Y	V	G	Z	U	A	P	N	L	B	A	U	U	F
S	S	Z	M	G	N	H	C	N	B	G	H	G	W	N	E
S	R	Å	T	E	R	H	Ä	M	T	N	I	N	G	L	K
M	A	T	S	M	Ä	L	T	N	I	N	G	I	G	B	T
I	J	T	V	C	H	X	E	Y	E	N	E	R	G	I	I
V	I	T	A	M	I	N	S	V	A	F	N	Ä	I	P	O
Z	I	I	G	N	C	R	D	N	V	L	G	N	D	C	N

ALLERGI
ANATOMI
BLOD
KALORI
KOST
ENERGI
GENETIK
VIKT
FRISKA
ÅTERHÄMTNING
HYGIEN
INFEKTION
KROPP
MASSAGE
MATSMÄLTNING
PÅFRESTNING
VITAMIN
NÄRING
SJUKHUS
SJUKDOM

7 - Tijd

F	S	C	J	H	Y	L	E	D	N	O	I	T	R	Å	Y
M	M	H	W	D	D	D	F	Y	K	G	G	X	O	H	W
A	I	I	M	I	U	K	T	S	O	L	U	U	Y	X	A
S	S	D	F	T	M	A	E	C	Z	A	K	C	E	V	L
N	T	O	D	M	D	L	R	S	T	K	D	E	I	H	J
S	A	X	F	A	P	E	P	N	U	C	K	F	R	Z	Y
T	Z	T	T	R	G	N	A	O	N	O	T	H	F	I	H
Z	I	P	T	F	A	D	R	G	I	L	R	Å	I	T	V
Y	T	D	N	E	D	E	R	R	M	K	D	J	G	F	G
C	Y	C	I	Z	I	R	C	O	H	L	Å	D	Å	Z	I
P	P	A	D	G	T	L	K	M	W	N	R	D	R	B	V
V	Å	R	H	U	N	D	R	A	D	E	M	A	R	B	J
E	W	U	I	Z	E	C	H	U	A	T	X	G	D	P	L
U	G	N	M	J	U	X	D	M	N	D	G	S	N	Y	E
T	F	O	C	D	M	B	B	U	Å	E	I	K	H	J	A
O	H	F	J	X	O	T	I	M	M	E	O	W	B	X	X

DAG
ÅRTIONDE
ÅRHUNDRADE
IGÅR
ÅR
ÅRLIG
KALENDER
KLOCKA
MÅNAD
MIDDAG
MINUT
EFTER
NATT
NU
MORGON
FRAMTID
TIMME
IDAG
TIDIG
VECKA

8 - Meditatie

J	C	T	E	H	M	A	S	K	C	A	T	T	M	Y	U
T	O	C	E	Z	H	E	G	K	S	I	K	Y	S	P	P
I	A	Z	O	V	B	H	D	J	L	K	Y	B	T	S	P
F	G	N	B	W	Z	Å	O	K	G	A	K	C	Y	L	M
L	C	K	K	R	O	L	S	N	Ä	K	R	E	X	B	Ä
C	G	H	Y	A	K	L	A	Z	P	N	O	H	P	I	R
V	A	K	E	N	R	N	D	G	E	Z	S	I	E	L	K
M	U	S	I	K	R	I	N	H	R	F	F	L	D	T	S
F	R	E	D	Y	J	N	A	G	S	R	U	T	A	N	A
I	F	L	F	Y	U	G	H	O	P	M	C	P	N	Z	M
R	Ö	R	E	L	S	E	K	T	E	Z	M	E	T	I	H
V	Ä	N	L	I	G	H	E	T	K	X	J	P	S	E	E
H	A	J	X	M	M	Y	A	F	T	V	R	G	Y	D	T
F	J	X	A	C	R	W	K	Y	I	K	W	K	T	D	D
E	N	R	A	N	O	I	T	A	V	R	E	S	B	O	A
G	O	D	K	Ä	N	N	A	N	D	E	T	Y	I	L	Y

UPPMÄRKSAMHET
GODKÄNNANDE
ANDAS
RÖRELSE
TACKSAMHET
KÄNSLOR
TANKAR
LYCKA
KLARHET
HÅLLNING
MEDKÄNSLA
PSYKISK
MUSIK
NATUR
OBSERVATION
PERSPEKTIV
TYSTNAD
FRED
VÄNLIGHET
VAKEN

9 - Muziek

D	G	K	K	L	A	S	S	I	S	K	H	V	G	Z	W
F	N	Ö	H	A	R	M	O	N	I	L	Y	R	I	S	K
M	A	R	E	S	I	V	O	R	P	M	I	A	M	B	S
U	T	S	M	R	I	N	I	R	F	O	U	L	X	P	Å
S	Z	E	T	G	W	U	I	T	R	U	T	B	U	X	N
I	S	E	M	X	T	C	Y	M	V	O	O	B	L	B	G
K	Z	J	C	P	F	H	C	C	Y	D	I	C	M	A	A
E	M	H	W	N	O	F	O	R	K	I	M	O	U	R	R
R	C	Z	U	X	R	H	S	D	V	D	M	P	S	E	E
I	N	S	P	E	L	N	I	N	G	O	N	Y	I	P	P
B	S	I	G	J	A	T	D	A	L	L	A	B	K	O	Y
R	W	S	X	Z	P	R	W	D	F	E	C	T	A	K	R
P	O	E	T	I	S	K	C	W	Z	M	E	E	L	N	Y
I	N	S	T	R	U	M	E	N	T	V	T	M	I	I	T
S	J	U	N	G	A	X	N	D	U	D	T	X	S	O	M
Z	B	N	R	Y	T	M	I	S	K	R	X	M	K	F	D

ALBUM
BALLAD
HARMONI
IMPROVISERA
INSTRUMENT
KLASSISK
KÖR
LYRISK
MELODI
MIKROFON
MUSIKALISK
MUSIKER
OPERA
INSPELNING
POETISK
RYTM
RYTMISK
TEMPO
SÅNGARE
SJUNGA

10 - Vogels

P	E	L	I	K	A	N	V	N	P	N	V	H	H	S	I
J	U	P	X	A	G	S	Y	Z	D	I	C	Z	P	U	E
F	E	J	Z	T	O	U	C	A	N	W	N	A	V	S	P
Z	L	E	G	Å	F	Å	P	N	M	W	L	G	C	W	Y
I	M	A	L	G	G	U	K	R	O	T	S	G	V	H	P
M	Å	S	M	N	N	P	R	Y	M	D	J	Ä	T	I	H
V	C	T	N	I	L	R	Å	U	T	P	V	V	G	S	N
D	C	U	E	L	N	P	K	D	P	V	A	N	K	A	J
R	L	R	J	K	F	G	A	A	Y	D	A	Z	Y	B	A
U	R	T	I	C	G	L	O	W	L	D	X	V	F	J	W
D	Y	S	Y	Y	U	Å	I	T	S	J	S	V	S	P	K
U	H	D	O	K	F	D	S	C	T	G	P	C	R	G	O
V	K	T	P	A	P	E	G	O	J	A	A	S	P	Y	U
A	P	S	U	Z	J	J	I	K	G	Y	R	P	I	H	G
H	G	F	I	E	A	G	Ö	K	W	F	V	T	V	R	D
R	I	J	A	D	E	X	N	H	Ä	G	E	R	C	O	E

DUVA
ANKA
ÄGG
FLAMINGO
GÅS
KYCKLING
GÖK
KRÅKA
MÅS
SPARV
STORK
PAPEGOJA
PÅFÅGEL
PELIKAN
PINGVIN
HÄGER
STRUTS
TOUCAN
UGGLA
SVAN

11 - Universum

O	K	T	N	O	S	I	R	O	H	G	A	O	U	D	B
R	M	O	N	X	K	J	Y	R	O	A	T	J	H	J	P
A	S	L	S	Y	F	R	O	O	D	L	M	E	G	U	C
S	O	K	O	M	E	V	T	O	L	A	O	D	V	R	A
T	L	V	F	P	I	S	V	P	H	X	S	A	D	K	B
R	S	L	H	L	P	S	I	H	M	E	F	R	E	R	T
O	T	A	C	U	O	S	K	Y	I	L	Ä	G	L	E	E
N	Å	H	S	N	G	D	B	E	V	M	R	D	U	T	L
O	N	Y	F	Y	I	I	N	A	D	R	M	D	T	S	E
M	D	C	C	R	L	O	R	T	N	G	D	E	A	E	S
X	X	V	D	O	N	R	E	V	X	A	P	R	L	N	K
Y	Z	T	F	T	Y	E	K	C	W	V	A	B	G	N	O
V	T	T	U	A	S	T	R	O	N	O	M	I	O	R	P
L	S	G	I	V	W	S	Ö	L	O	N	G	I	T	U	D
C	C	N	A	K	X	A	M	B	P	N	L	C	J	U	E
R	M	K	M	E	N	Å	M	P	Z	V	D	K	Y	T	A

ASTEROID
ASTRONOMI
ASTRONOM
ATMOSFÄR
OMLOPPSBANA
BREDDGRAD
DJURKRETSEN
MÖRKER
EKVATOR
HALVKLOT
HIMMEL
HORISONT
LUTA
KOSMISK
LONGITUD
MÅNE
GALAX
TELESKOP
SYNLIG
SOLSTÅND

12 - Wiskunde

V	W	E	T	T	Z	M	F	I	O	O	N	T	P	O	L
I	L	K	F	S	O	N	U	K	H	M	Y	L	O	V	L
N	O	V	W	R	I	R	Y	H	N	W	K	B	Y	Z	F
K	B	A	M	M	U	S	G	C	F	N	S	R	O	H	V
E	L	T	G	E	O	M	E	T	R	I	I	D	E	K	U
L	L	I	R	A	U	Y	V	L	L	U	T	I	L	T	U
R	E	O	E	E	S	F	Ä	R	C	J	E	V	Y	N	S
Ä	L	N	T	H	K	H	A	A	F	O	M	I	N	E	T
T	L	J	E	U	B	T	E	L	G	V	T	S	S	N	W
G	A	W	M	V	S	M	A	K	X	R	I	I	Y	O	U
T	R	I	A	N	G	E	L	N	O	V	R	O	M	P	S
W	A	C	I	X	S	M	X	I	G	L	A	N	M	X	V
B	P	V	D	J	F	J	A	V	T	E	T	P	E	E	A
P	O	L	Y	G	O	N	M	S	H	A	L	L	T	C	U
R	E	Z	X	G	F	R	A	K	T	I	O	N	R	B	J
D	E	C	I	M	A	L	X	K	O	I	C	I	I	H	U

SFÄR
DECIMAL
DIAMETER
DIVISION
TRIANGEL
EXPONENT
FRAKTION
GEOMETRI
VINKLAR
VINKELRÄT
OMKRETS
PARALLELL
REKTANGEL
ARITMETISK
SUMMA
SYMMETRI
POLYGON
EKVATION
TORG
VOLYM

13 - Gezondheid en Welzijn #1

K	L	U	A	F	A	I	C	H	E	A	H	W	E	K	P
H	N	T	V	X	H	P	O	C	P	J	U	D	P	D	D
D	H	J	L	N	L	A	O	Z	E	G	N	R	D	L	A
Z	C	F	G	P	F	R	M	T	X	J	G	P	W	Z	I
H	M	V	G	T	B	E	U	Z	E	C	E	L	T	J	W
B	O	E	B	C	P	T	S	U	I	K	R	G	G	M	Z
E	L	R	D	J	Ö	H	K	L	R	R	E	F	L	E	X
H	Ä	U	M	I	F	E	L	K	E	A	K	T	I	V	R
A	K	T	U	O	C	A	E	L	T	J	M	E	B	L	O
N	A	K	V	D	N	I	R	I	K	S	K	A	D	A	U
D	R	A	D	E	E	E	N	N	A	U	U	H	H	V	X
L	E	R	D	M	W	D	R	I	B	R	E	V	R	E	N
I	P	F	T	H	E	R	R	K	N	I	H	P	M	Y	B
N	F	T	Z	F	K	Z	R	W	O	V	U	V	R	O	F
G	N	I	L	P	P	O	K	V	A	V	D	S	U	R	R
V	A	N	A	O	L	V	U	R	G	E	J	H	V	P	U

AKTIV
APOTEK
BAKTERIE
BEHANDLING
FRAKTUR
LÄKARE
VANA
HUNGER
HÖJD
HORMONER
HUD
KLINIK
SKADA
MEDICIN
AVKOPPLING
REFLEX
MUSKLER
TERAPI
VIRUS
NERVER

14 - Camping

W	U	O	L	S	K	E	Y	A	M	Y	B	X	F	H	P
L	Y	K	T	A	K	E	P	U	S	Z	R	I	W	G	O
R	A	P	E	E	E	O	H	G	R	E	N	Å	M	P	V
V	F	D	I	O	T	U	G	F	E	L	H	N	L	E	K
L	Ö	C	D	K	A	N	O	T	P	D	K	A	R	T	A
E	J	X	V	F	X	U	N	T	L	Y	F	V	D	K	O
J	S	S	A	P	M	O	K	A	T	Ä	L	V	T	E	R
A	T	C	M	V	F	O	H	H	L	O	T	X	R	S	L
K	U	D	R	A	T	E	W	Ä	B	W	L	A	Ä	N	L
T	G	E	J	P	P	E	L	H	N	S	D	A	D	I	H
X	A	V	V	W	J	B	E	R	G	G	R	F	J	D	K
P	W	M	N	P	O	N	E	U	X	U	M	G	L	D	C
N	A	T	U	R	D	W	X	J	N	I	I	A	V	M	F
A	F	X	Z	C	E	E	P	D	Y	H	S	X	T	J	A
Z	X	Y	I	P	B	E	T	V	L	Y	G	O	F	T	C
Ä	V	E	N	T	Y	R	F	N	Y	K	P	M	J	H	A

ÄVENTYR
BERG
TRÄD
SKOG
ELD
STUGA
DJUR
HÄNGMATTA
HATT
INSEKT
JAKT
KARTA
KANOT
KOMPASS
LYKTA
MÅNE
SJÖ
NATUR
TÄLT
REP

15 - Algebra

Z	S	L	R	C	R	I	F	S	H	E	G	T	I	C	O
K	C	P	N	O	I	T	A	V	K	E	X	G	W	D	Ä
L	I	N	J	Ä	R	N	K	V	E	R	P	B	H	D	N
O	S	N	L	W	S	O	T	G	H	W	U	N	U	K	D
N	U	A	B	T	U	I	O	M	L	R	H	G	K	V	L
R	B	C	X	F	G	T	R	O	E	X	O	N	V	A	I
T	T	D	Z	F	O	K	T	T	B	D	R	B	L	N	G
C	R	E	X	D	M	A	R	G	A	I	D	H	N	T	M
R	A	L	K	N	E	R	Ö	F	I	M	P	Y	A	I	X
M	K	R	T	D	D	F	F	O	R	M	E	L	K	T	D
F	T	L	Ö	S	N	I	N	G	A	F	E	G	E	E	J
U	I	T	N	T	K	P	B	J	V	W	O	J	O	T	S
E	O	G	P	O	S	P	R	O	B	L	E	M	I	A	U
R	N	G	G	R	L	E	X	P	O	N	E	N	T	V	M
C	C	R	H	C	A	L	P	A	R	E	N	T	E	S	M
S	H	Y	K	K	F	A	R	G	A	O	L	U	L	M	A

SUBTRAKTION
DIAGRAM
EXPONENT
FAKTOR
FORMEL
FRAKTION
GRAF
PARENTES
KVANTITET
LINJÄR

MATRIS
NOLL
OÄNDLIG
LÖSNING
PROBLEM
SUMMA
FALSK
VARIABEL
FÖRENKLA
EKVATION

16 - Activiteiten

S	O	K	C	J	F	F	S	U	Y	J	S	S	W	K	H
P	C	A	K	U	R	H	O	A	Y	X	C	Ö	Z	O	A
E	K	S	I	F	S	E	F	T	K	A	J	M	D	N	N
L	O	I	P	K	N	A	J	G	O	J	W	N	U	S	T
A	D	G	N	I	R	D	N	A	V	G	H	A	B	T	V
K	I	A	G	M	Å	L	N	I	N	G	R	D	N	W	E
T	T	M	N	C	C	J	R	F	R	X	H	A	A	G	R
I	I	F	I	S	A	I	S	S	G	B	K	U	F	H	K
V	R	Ä	N	K	I	M	T	U	R	U	P	D	C	I	I
I	F	R	S	U	M	T	P	W	Z	O	L	Y	S	H	M
T	R	D	Ä	Z	J	G	N	I	L	P	P	O	K	V	A
E	J	I	L	E	S	S	U	P	N	A	J	Y	Y	U	R
T	G	G	M	J	L	I	P	R	S	G	M	V	O	Y	E
T	K	H	V	K	E	Y	G	E	O	Y	D	T	S	N	K
D	M	E	N	K	K	S	Y	D	I	W	T	L	W	F	H
V	N	T	N	Ö	J	E	B	O	S	P	X	S	B	U	U

AKTIVITET
HANTVERK
DANS
FOTOGRAFI
SPEL
FISKE
JAKT
CAMPING
KERAMIK
KONST

LÄSNING
MAGI
SÖMNAD
AVKOPPLING
NÖJE
PUSSEL
MÅLNING
FÄRDIGHET
FRITID
VANDRING

17 - Vormen

M	N	R	Ö	H	W	G	L	K	B	E	J	H	O	X	C
P	O	M	P	N	B	W	S	U	Å	K	H	T	V	D	Y
C	G	S	L	J	O	W	C	R	G	E	U	J	A	R	L
H	Y	P	E	R	B	E	L	V	E	C	E	B	L	U	I
A	L	O	K	F	E	R	G	A	M	S	I	R	P	N	N
V	O	N	R	L	X	T	F	O	A	C	I	I	I	D	D
N	P	R	I	L	E	G	N	A	I	R	T	D	M	I	E
I	F	G	C	M	V	Z	R	A	H	A	V	R	H	R	R
P	Y	R	A	M	I	D	E	M	K	U	S	B	Y	Z	H
S	Z	L	H	J	E	M	K	S	L	U	X	J	V	W	K
Y	V	E	I	C	E	X	T	F	B	I	M	S	W	M	D
R	H	D	A	B	E	H	A	T	T	O	R	G	L	K	X
P	X	V	P	B	M	R	N	E	Z	G	L	I	N	J	E
H	J	L	M	B	M	Z	G	P	R	K	L	P	M	T	N
S	I	D	A	P	E	I	E	M	X	N	O	K	D	T	G
S	F	Ä	R	Y	A	R	L	N	G	A	T	N	J	N	I

SFÄR
BÅGE
CYLINDER
CIRKEL
KURVA
TRIANGEL
HÖRN
HYPERBEL
SIDA
KON

KUB
LINJE
OVAL
PYRAMID
PRISMA
KANTER
REKTANGEL
RUND
POLYGON
TORG

18 - Diplomatie

I	I	U	R	Ä	T	I	N	A	M	U	H	N	P	L	P
R	N	K	J	J	W	F	P	S	M	A	Y	O	F	O	O
Å	A	T	O	P	D	A	E	I	F	B	X	I	X	X	L
D	M	S	E	F	I	H	F	V	Ö	Y	A	S	T	I	I
G	B	A	R	G	H	P	Y	T	R	G	F	S	N	E	T
I	A	M	E	C	R	K	C	T	D	U	N	U	S	C	I
V	S	A	G	T	E	I	N	Ä	R	M	F	K	O	A	K
A	S	R	E	K	H	T	T	R	A	A	U	S	N	G	D
R	A	B	R	Y	V	E	M	E	G	V	E	I	V	G	X
E	D	E	I	F	U	I	W	I	T	R	A	D	G	D	G
K	Ö	T	N	D	I	P	L	O	M	A	T	I	S	K	N
C	R	E	G	V	K	O	N	F	L	I	K	T	U	F	I
O	L	C	U	X	U	R	E	S	O	L	U	T	I	O	N
S	P	R	Å	K	M	E	D	B	O	R	G	A	R	E	S
U	S	I	B	Z	R	H	S	Ä	K	E	R	H	E	T	Ö
G	E	M	E	N	S	K	A	P	G	K	A	K	T	G	L

RÅDGIVARE
AMBASSAD
AMBASSADÖR
MEDBORGARE
KONFLIKT
DIPLOMATISK
DISKUSSION
ETIK
GEMENSKAP
RÄTTVISA
HUMANITÄR
INTEGRITET
LÖSNING
POLITIK
REGERING
RESOLUTION
SAMARBETE
SPRÅK
SÄKERHET
FÖRDRAG

19 - Astronomie

S	T	R	Å	L	N	I	N	G	A	N	R	Ä	J	T	S
J	B	E	F	A	Y	P	V	L	S	K	A	R	R	Y	F
M	G	G	C	N	X	F	F	S	T	E	N	A	L	P	T
H	N	N	O	I	T	A	L	L	E	T	S	N	O	K	V
Y	E	C	I	A	T	L	M	P	R	A	F	J	T	P	X
J	B	A	T	N	A	E	M	L	O	G	B	L	P	W	Y
O	U	L	Z	K	M	S	L	C	I	S	X	A	Z	D	L
R	L	L	I	O	T	Ä	T	E	D	K	O	S	M	O	S
D	O	V	I	M	T	X	J	R	S	A	T	I	W	A	J
B	S	A	G	E	N	Å	M	G	O	K	X	V	D	S	Z
S	A	R	I	T	K	V	E	Z	A	N	O	Y	J	T	H
U	N	I	V	E	R	S	U	M	M	D	A	P	Z	R	A
R	U	C	N	K	H	Z	F	W	V	J	C	U	M	O	S
C	B	Y	L	A	M	E	T	E	O	R	D	A	T	N	O
B	F	C	Y	R	S	A	T	E	L	L	I	T	Y	O	P
O	B	S	E	R	V	A	T	O	R	I	U	M	R	M	E

JORD
ASTEROID
ASTRONAUT
ASTRONOM
DAGJÄMNING
KOMET
KOSMOS
MÅNE
METEOR
NEBULOSA
OBSERVATORIUM
PLANET
RAKET
SATELLIT
STJÄRNA
KONSTELLATION
STRÅLNING
TELESKOP
UNIVERSUM
ALLVAR

20 - Emoties

L	L	Å	H	E	N	N	I	A	L	G	L	L	V	G	M
W	Ä	K	Ä	R	L	E	K	P	X	V	P	T	Ä	L	W
S	M	T	E	H	M	Ö	Y	I	A	N	P	F	N	Ä	E
D	A	S	T	E	H	P	P	U	N	G	U	L	L	D	L
Ö	S	L	M	N	C	X	O	G	S	Ö	P	P	I	J	L
V	K	D	I	Y	A	L	S	D	Ä	R	J	E	G	E	R
E	C	A	T	G	R	D	D	A	C	K	Z	D	H	C	E
R	A	G	A	R	H	G	E	N	E	R	A	D	E	R	F
R	T	X	P	O	E	E	X	P	R	J	D	S	T	P	P
A	B	Z	M	S	C	X	T	P	B	N	E	D	Y	E	B
S	L	W	Y	V	L	G	X	A	D	X	L	L	R	T	M
K	L	Z	S	G	Y	G	L	L	I	L	S	K	A	Z	W
N	X	J	W	M	X	W	W	S	S	M	T	A	N	U	E
I	F	E	E	E	U	W	Y	V	X	Y	Y	E	N	C	M
N	G	U	W	Y	W	C	X	A	Y	A	X	O	G	X	Z
G	S	S	R	J	H	G	P	E	B	E	U	Z	K	W	X

RÄDSLA
GENERAD
TACKSAM
SORG
SALIGHET
INNEHÅLL
KÄRLEK
AVSLAPPNAD
UPPHETSAD
LÄTTNAD

LUGN
SYMPATI
ÖMHET
NÖJD
ÖVERRASKNING
LEDA
FRED
GLÄDJE
VÄNLIGHET
ILSKA

21 - Vakantie #2

H	O	T	E	L	L	E	W	G	X	G	D	G	S	S	L
T	H	F	D	E	S	T	I	N	A	T	I	O	N	T	S
R	R	H	A	V	R	P	Ö	I	R	G	J	U	N	R	E
E	M	A	L	M	E	A	E	N	N	B	C	F	B	A	M
S	S	Y	N	U	S	S	A	N	M	G	H	L	V	N	E
E	D	B	L	S	A	S	B	Ä	U	W	G	Y	J	D	S
R	Z	Y	U	I	P	R	V	L	V	J	K	G	S	I	T
V	O	Z	T	V	Z	O	R	T	X	T	P	P	H	T	E
A	N	M	L	H	G	Z	R	U	N	E	A	L	T	I	R
T	T	H	Ä	Z	Y	O	B	T	Z	X	W	A	A	R	S
I	J	G	N	A	R	U	A	T	S	E	R	T	X	F	P
O	Y	H	D	T	C	A	M	P	I	N	G	S	I	T	W
N	H	P	S	R	Ä	C	P	H	A	M	R	P	I	P	H
E	R	W	K	A	O	L	D	L	R	T	L	U	I	U	K
R	A	K	H	K	M	P	T	A	F	X	E	D	Y	F	I
Y	H	K	E	R	S	F	P	G	G	W	U	V	L	R	N

DESTINATION
UTLÄNNING
UTLÄNDSK
HOTELL
KARTA
CAMPING
FLYGPLATS
PASS
RESA
RESERVATIONER
RESTAURANG
STRAND
TAXI
TÄLT
SEMESTER
TRANSPORT
VISUM
FRITID
HAV

22 - Weersomstandigheden

F	I	W	Y	H	T	H	K	H	G	D	K	O	A	L	W
U	N	W	C	I	A	E	K	C	J	W	Z	D	C	Y	W
K	S	X	I	M	K	T	M	S	T	O	R	K	A	I	C
T	O	W	H	M	S	J	M	P	T	M	O	N	S	U	N
I	H	O	D	E	Å	M	L	O	E	O	H	X	I	V	L
G	N	A	V	L	V	O	G	O	S	R	R	F	G	G	K
P	O	L	Ä	R	A	L	D	C	P	F	A	M	M	I	D
S	B	W	D	R	F	N	C	G	U	W	Ä	T	A	V	E
X	E	B	B	G	O	Y	O	C	V	E	J	R	U	U	I
T	D	L	K	L	I	M	A	T	J	X	J	R	E	R	G
K	S	I	P	O	R	T	Z	K	S	I	A	E	Z	C	S
K	I	X	Ö	V	E	R	S	V	Ä	M	N	I	N	G	W
E	Y	T	O	R	K	A	N	G	B	T	R	O	M	B	W
R	E	G	N	B	Å	G	E	V	I	N	D	M	F	R	K
G	H	E	J	P	D	B	B	Z	C	D	Z	O	Z	I	I
M	O	L	X	W	F	V	F	U	Z	V	I	A	X	G	X

ATMOSFÄR
BLIXT
ÅSKA
TORKA
HIMMEL
IS
KLIMAT
DIMMA
MONSUN
ORKAN
ÖVERSVÄMNING
POLÄRA
REGNBÅGE
STORM
TEMPERATUR
TROMB
TROPISK
FUKTIG
VIND
MOLN

23 - Eten #2

M	B	W	G	Ä	D	M	F	S	Z	M	T	W	L	B	O
A	W	H	P	P	R	G	A	K	I	S	R	E	P	O	S
M	N	I	H	P	U	A	V	N	S	K	I	N	K	A	T
A	A	A	E	L	V	G	A	Y	D	K	I	W	I	D	J
L	N	X	N	E	A	I	I	E	T	E	V	Ä	A	K	T
A	A	S	K	A	L	U	F	W	C	A	L	R	G	Z	O
C	B	A	T	I	S	I	R	R	A	P	S	X	N	G	M
Ä	G	G	P	L	A	N	T	A	C	A	I	X	I	F	A
I	B	O	W	S	I	L	O	C	C	O	R	B	L	L	T
G	S	Y	O	G	H	U	R	T	G	T	H	R	K	D	Z
G	P	X	B	L	M	Y	K	Y	W	J	H	Ö	C	O	Y
G	S	U	F	I	S	K	F	I	C	N	Z	D	Y	M	U
K	K	V	V	G	X	Y	W	N	M	S	O	M	K	I	F
J	W	S	E	B	A	R	U	J	W	W	S	H	P	C	D
H	A	A	L	S	T	J	F	K	K	O	I	R	M	L	M
B	A	G	M	O	J	S	O	S	C	G	V	R	C	G	F

MANDEL
ANANAS
ÄPPLE
SPARRIS
ÄGGPLANTA
BANAN
BROCCOLI
BRÖD
DRUVA
ÄGG
SKINKA
OST
KYCKLING
KIWI
PERSIKA
RIS
VETE
TOMAT
FISK
YOGHURT

24 - Klimmen

N	Y	S	A	G	N	I	R	D	N	A	V	R	B	G	R
H	Y	C	T	A	O	S	Z	Y	P	K	A	R	T	A	A
A	D	F	F	A	T	T	O	R	G	R	T	C	W	G	A
N	E	C	I	A	B	M	T	E	S	Y	R	Z	Z	J	N
D	J	X	Z	K	E	I	T	S	W	T	P	H	S	T	F
S	F	S	F	P	E	G	L	A	M	S	A	X	H	Y	N
K	Y	K	J	O	D	N	S	I	G	N	Ä	R	R	E	T
A	S	A	B	O	I	I	H	S	T	R	N	M	A	X	E
R	I	D	L	S	U	N	U	E	T	E	F	V	G	P	H
Ä	S	A	F	V	G	Ä	S	G	T	Ö	T	A	N	E	B
F	K	W	K	H	F	R	I	N	H	B	V	M	I	R	O
S	V	J	W	K	S	T	A	S	Ö	I	V	L	N	T	V
O	J	B	M	J	B	Z	J	H	J	G	T	Ä	A	J	X
M	C	T	Y	B	O	J	K	K	D	F	K	J	M	R	B
T	D	K	Z	F	O	A	V	Z	R	W	N	H	T	L	M
A	N	E	N	S	Y	L	Z	F	A	M	R	X	U	I	Y

ATMOSFÄR
EXPERT
FYSISK
GUIDE
GROTTA
HANDSKAR
HJÄLM
HÖJD
KARTA
STYRKA
STÖVLAR
SKADA
NYFIKENHET
TRÄNING
SMAL
STABILITET
TERRÄNG
UTMANINGAR
VANDRING

25 - Geologie

H	J	E	R	R	F	G	R	H	S	D	Y	C	P	F	K
K	O	R	A	L	L	N	R	E	G	A	L	J	P	O	R
P	G	K	T	E	E	U	U	O	Z	K	B	O	L	S	I
E	R	O	S	I	O	N	R	P	T	P	F	R	A	S	S
E	E	P	G	Z	T	A	V	A	L	T	L	D	T	I	T
V	S	T	R	A	V	K	B	V	L	U	A	B	Å	L	A
S	J	N	K	T	B	L	A	Y	R	L	R	Ä	S	K	L
A	E	E	E	A	I	U	S	L	R	F	Y	V	M	W	L
L	G	N	R	B	L	V	Y	L	A	J	S	N	Ä	D	E
T	L	I	H	A	T	C	M	X	M	T	C	I	L	I	R
W	F	T	V	L	I	J	I	E	T	H	S	N	T	Y	N
C	A	N	H	P	O	Y	W	U	E	X	B	G	A	A	G
V	H	O	I	U	W	G	K	V	M	S	G	Z	E	H	G
O	H	K	C	C	S	N	J	N	C	T	L	A	B	P	N
Z	O	N	X	K	N	G	Z	S	J	E	H	F	S	N	T
K	X	V	X	T	M	U	N	T	H	N	Z	F	T	L	M

JORDBÄVNING
KALCIUM
KONTINENT
EROSION
FOSSIL
GEJSER
SMÄLT
GROTTA
KORALL
KRISTALLER
KVARTS
LAGER
LAVA
PLATÅ
STALAKTIT
STEN
VULKAN
ZON
SALT
SYRA

26 - Specerijen

H	V	A	V	N	K	C	R	T	K	Ö	L	W	O	J	C
T	P	B	H	F	D	M	W	T	O	K	S	U	M	R	R
X	Z	A	E	A	H	O	J	H	R	E	T	T	I	B	F
W	B	M	E	C	M	W	V	I	I	V	Ö	G	A	N	K
S	M	J	V	C	F	M	D	F	A	X	S	R	C	K	B
I	M	I	C	N	U	J	U	B	N	I	M	M	U	K	P
N	K	A	H	I	J	S	U	M	D	T	R	D	G	A	N
A	A	C	K	A	K	I	L	J	E	N	D	D	Y	R	K
I	N	U	D	G	K	U	Å	L	R	D	F	M	A	Ä	Ö
C	E	R	V	V	X	O	K	I	A	D	R	R	C	F	L
H	L	R	T	B	U	P	N	N	P	G	J	A	L	E	T
Y	Y	Y	S	I	N	I	Ä	A	P	S	V	A	K	G	I
P	A	P	R	I	K	A	F	V	E	A	E	R	P	N	V
S	A	F	F	R	A	N	B	F	P	L	L	P	F	I	T
O	R	H	V	F	P	E	I	D	F	T	N	U	F	K	B
O	O	V	Y	K	I	F	I	A	V	L	M	E	J	F	U

ANIS
BITTER
INGEFÄRA
KANEL
KARDEMUMMA
CURRY
VITLÖK
KUMMIN
KORIANDER
KRYDDNEJLIKA
MUSKOT
PAPRIKA
PEPPAR
SAFFRAN
SMAK
LÖK
VANILJ
FÄNKÅL
SÖT
SALT

27 - Groenten

Ä	G	B	N	F	M	Y	G	Z	M	P	L	I	Ä	J	M
R	W	U	R	T	O	L	T	N	T	E	F	N	G	R	U
T	T	O	R	O	M	T	H	D	O	R	Y	G	G	D	Y
A	P	I	E	K	C	V	O	B	M	S	B	E	P	S	Y
V	U	N	S	T	A	C	E	T	A	I	F	F	L	G	I
O	M	V	R	C	S	E	O	M	T	L	O	Ä	A	S	P
R	P	I	Y	N	F	L	H	L	P	J	G	R	N	V	U
D	A	L	L	A	S	J	J	W	I	A	M	A	T	A	B
K	R	O	N	Ä	R	T	S	K	O	C	K	A	A	M	T
Ö	S	Y	A	F	G	A	V	N	K	A	Ö	I	H	P	X
L	G	E	K	Ö	L	N	E	T	T	O	L	A	H	C	S
T	Z	K	L	M	M	E	M	S	P	Y	M	N	K	K	K
I	S	Z	O	L	N	P	R	I	M	B	K	D	E	W	U
V	I	N	C	Y	E	S	R	Ä	D	I	S	A	E	T	O
T	N	N	D	G	G	R	N	Z	U	O	H	Z	D	P	F
G	M	L	L	N	D	B	I	Y	H	K	P	H	R	W	F

KRONÄRTSKOCKA
ÄGGPLANTA
BROCCOLI
ÄRTA
INGEFÄRA
VITLÖK
GURKA
OLIV
SVAMP
PERSILJA
PUMPA
ROVA
RÄDISA
SALLAD
SELLERI
SCHALOTTENLÖK
SPENAT
TOMAT
LÖK
MOROT

28 - Archeologie

Y	Y	T	A	N	A	L	Y	S	L	I	S	S	O	F	C
K	X	N	E	U	T	V	Ä	R	D	E	R	I	N	G	I
S	E	E	Y	A	Z	U	O	O	J	O	P	L	T	N	V
R	Y	M	I	R	M	A	Y	K	G	A	J	M	K	I	I
H	J	G	C	E	R	K	B	Y	Ä	P	H	H	E	L	L
R	C	A	A	N	T	I	K	E	N	N	C	F	J	T	I
R	C	R	X	C	X	R	I	X	I	K	D	O	B	T	S
B	U	F	K	W	T	A	L	G	X	L	U	R	O	Ä	A
C	A	T	G	V	O	G	E	H	H	W	S	S	P	M	T
C	D	M	Y	S	T	E	R	I	U	M	G	K	W	F	I
M	O	Ö	A	W	I	F	R	A	R	N	T	A	F	Y	O
Y	F	L	U	F	A	E	K	K	K	X	P	R	Z	Y	N
D	J	G	G	D	D	D	T	N	I	T	F	E	X	T	G
Z	V	P	A	B	P	R	O	F	E	S	S	O	R	G	Y
T	L	B	R	E	L	H	V	Z	S	E	X	P	E	R	T
E	Z	B	A	N	C	G	R	A	V	K	J	S	Y	X	D

ANALYS
CIVILISATION
BEN
EXPERT
UTVÄRDERING
FOSSIL
FRAGMENT
GRAV
MYSTERIUM
ÄTTLING
OBJEKT
OKÄND
FORSKARE
ANTIKEN
PROFESSOR
RELIK
TEAM
TEMPEL
ERA
GLÖMT

29 - Dans

K	B	U	J	C	K	N	H	D	R	F	P	J	H	Y	T
Y	U	H	A	P	P	O	H	A	Y	O	R	Z	Å	K	R
X	S	L	H	D	S	I	R	V	T	R	S	E	L	O	A
X	R	L	T	D	E	T	A	E	M	I	E	U	L	N	D
O	M	U	R	U	U	I	K	O	O	U	Y	I	N	S	I
C	N	F	W	J	R	T	A	A	G	G	S	D	I	T	T
P	K	S	L	I	J	E	D	T	B	L	R	Z	N	O	I
A	H	K	N	I	K	P	E	F	K	K	A	A	G	T	O
R	T	C	S	L	T	E	M	J	B	S	L	D	F	P	N
T	F	Y	V	K	L	R	I	N	C	I	S	V	V	I	E
N	J	R	R	Ö	R	E	L	S	E	S	N	S	F	P	L
E	G	T	M	U	S	I	K	X	T	S	Ä	N	I	I	L
R	U	T	V	I	S	U	E	L	L	A	K	D	N	Å	D
Z	R	U	K	U	L	T	U	R	E	L	L	F	O	C	T
I	C	N	K	Z	X	U	J	A	W	K	B	G	M	L	S
P	F	S	G	M	K	R	O	P	P	L	E	A	V	D	Z

AKADEMI
RÖRELSE
GLAD
KOREOGRAFI
KULTURELL
KULTUR
KÄNSLA
UTTRYCKSFULL
NÅD
HÅLLNING
KLASSISK
KONST
KROPP
MUSIK
PARTNER
REPETITION
RYTM
HOPPA
TRADITIONELL
VISUELL

30 - Ziekte

R	E	I	G	R	E	L	L	A	F	T	O	V	C	I	P
E	N	R	S	B	O	I	Y	K	C	Z	U	M	K	N	A
S	T	U	K	A	W	R	E	H	C	A	V	O	T	F	T
P	E	E	D	J	L	P	Y	U	A	G	E	J	H	L	O
I	T	N	U	R	R	Y	E	J	O	Z	I	D	Ä	A	G
R	I	E	U	T	Y	S	H	A	I	T	X	J	L	M	E
A	N	W	R	R	C	C	K	J	W	I	O	W	S	M	N
T	U	E	C	A	S	V	A	G	Ä	E	H	S	A	A	E
O	M	D	U	L	P	I	A	J	F	R	A	C	G	T	R
R	M	X	Z	R	P	I	L	J	F	J	T	J	Y	I	B
I	I	Z	S	M	O	R	D	N	Y	S	R	A	O	O	Z
S	S	E	G	Z	R	P	K	W	O	B	Z	A	E	N	S
K	U	B	E	R	K	M	A	S	T	T	I	M	S	A	G
G	E	N	E	T	I	S	K	T	H	U	H	D	S	M	B
Ä	R	F	T	L	I	G	K	S	I	N	O	R	K	F	E
P	N	N	A	T	L	Ä	N	D	R	Y	G	G	E	N	N

AKUT
RESPIRATORISK
ALLERGIER
SMITTSAM
BEN
BUK
KRONISK
ÄRFTLIG
GENETISK
HÄLSA
HJÄRTA
IMMUNITET
LÄNDRYGGEN
KROPP
NEUROPATI
INFLAMMATION
SYNDROM
TERAPI
PATOGENER
SVAG

31 - Mythologie

H	I	M	M	E	L	J	C	Y	N	Y	G	T	C	O	S
O	R	Y	F	V	A	R	E	L	S	E	D	R	M	K	V
K	N	Y	A	C	Z	E	U	I	I	X	U	Z	T	R	A
O	P	E	A	B	Z	T	T	T	X	I	L	B	S	I	R
A	D	N	M	Ä	H	S	E	T	L	Ä	J	H	K	G	T
S	U	Ö	D	P	Z	N	P	A	G	U	N	S	G	A	S
H	K	I	D	M	S	O	N	G	R	E	K	F	O	R	J
J	T	A	J	L	H	M	A	R	K	E	T	Y	P	E	U
Ä	K	H	P	A	I	L	E	G	E	N	D	Y	T	D	K
L	D	O	J	A	W	G	D	Z	R	C	E	X	N	N	A
T	D	K	Y	Y	N	J	H	O	C	G	Å	O	I	E	O
I	J	X	F	C	J	D	R	E	U	Y	S	M	R	E	P
N	R	X	Z	R	H	F	E	F	T	A	K	R	Y	T	S
N	F	Y	E	U	P	I	S	Y	I	J	A	X	B	E	N
A	D	Ö	D	L	I	G	W	E	F	B	E	I	A	B	B
I	H	E	K	A	T	A	S	T	R	O	F	K	L	I	D

ARKETYP
BLIXT
SKAPANDE
KULTUR
ÅSKA
LABYRINT
BETEENDE
HJÄLTE
HJÄLTINNA
HIMMEL
SVARTSJUKA
STYRKA
KRIGARE
LEGEND
MONSTER
ODÖDLIGHET
KATASTROF
DÖDLIG
VARELSE
HÄMND

32 - Eten #1

Z	Z	P	T	V	S	O	E	V	P	J	U	Y	V	D	S
G	X	H	H	V	H	C	N	S	I	C	I	T	R	O	N
K	J	O	R	D	N	Ö	T	O	J	T	T	Ö	K	Y	O
S	O	M	D	Z	U	R	O	C	O	A	L	E	Ö	C	R
I	P	R	E	X	Y	O	R	K	R	N	E	Ö	L	B	Ä
F	X	H	N	E	J	M	O	E	D	E	N	I	K	C	P
N	I	X	N	C	Y	E	M	R	G	P	A	P	P	O	S
O	A	P	R	I	K	O	S	D	U	S	K	S	T	Y	I
T	B	K	I	U	J	B	S	G	B	O	F	A	L	Z	O
T	H	A	R	J	B	P	L	U	B	B	W	L	A	O	Y
P	W	E	S	K	Z	F	J	M	N	M	I	T	M	K	T
V	V	C	K	I	Y	T	P	N	I	L	N	L	S	D	J
N	Z	I	M	C	L	G	B	N	N	X	A	Y	F	N	U
N	V	L	C	R	F	I	R	M	J	Ö	L	K	Z	I	L
S	A	L	L	A	D	D	K	W	X	S	L	C	K	V	S
A	N	A	W	O	B	H	U	A	Y	E	X	V	J	W	M

JORDGUBB
APRIKOS
BASILIKA
CITRON
KORN
KANEL
VITLÖK
MJÖLK
PÄRON
JORDNÖT
SALLAD
JUICE
SOPPA
SPENAT
SOCKER
TONFISK
LÖK
KÖTT
MOROT
SALT

33 - Avontuur

D	Z	E	B	O	X	J	M	O	D	W	E	J	D	D	Ö
E	D	S	V	P	N	A	T	U	R	J	F	Y	T	E	V
S	N	A	H	C	Y	O	Y	D	O	G	A	J	F	S	E
R	K	T	E	H	G	I	R	Å	V	S	R	U	Ö	T	R
N	Y	Ö	U	G	I	L	N	A	V	O	L	T	R	I	R
F	V	A	N	S	L	H	C	Y	C	X	I	F	B	N	A
W	Ä	K	K	H	I	Ä	O	E	R	R	G	L	E	A	S
C	N	T	M	O	E	A	D	F	O	A	I	Y	R	T	K
E	N	I	V	J	U	T	S	J	S	G	S	K	E	I	A
U	E	V	R	B	Y	F	W	M	E	N	E	T	D	O	N
C	R	I	N	A	V	I	G	E	R	I	N	G	E	N	D
K	W	T	E	H	R	E	K	Ä	S	N	I	O	L	W	E
M	C	E	C	B	M	H	B	S	H	A	N	I	S	H	S
M	C	T	L	L	P	K	F	V	F	M	I	U	E	N	C
C	F	B	A	O	T	R	P	R	N	T	Y	D	X	C	I
W	M	K	S	G	K	B	W	F	N	U	F	T	V	O	L

AKTIVITET
DESTINATION
ENTUSIASM
UTFLYKT
FARLIG
CHANS
MOD
SVÅRIGHET
NATUR
NAVIGERING
NY
OVANLIG
RESOR
SKÖNHET
UTMANINGAR
SÄKERHET
ÖVERRASKANDE
FÖRBEREDELSE
GLÄDJE
VÄNNER

34 - Restaurant #2

K	E	N	U	T	D	O	D	U	M	A	H	L	X	W	K
K	C	P	U	C	Z	U	U	N	S	G	T	Z	A	V	Z
D	U	V	S	D	O	P	L	L	S	A	A	Z	K	U	N
R	G	H	A	E	L	O	T	S	C	M	K	F	U	I	T
Y	C	Y	L	K	V	A	Z	G	R	C	A	W	F	S	C
C	X	E	L	S	A	S	R	J	N	X	K	R	X	E	J
K	P	E	A	M	R	K	E	V	A	T	T	E	N	P	L
C	R	S	D	G	P	T	K	M	M	R	X	O	M	J	Y
K	R	Y	D	D	O	R	C	J	M	Ö	L	U	N	C	H
K	L	G	J	O	Z	R	Ä	K	F	T	L	A	S	W	D
S	O	P	P	A	A	G	L	S	H	I	F	R	U	K	T
G	R	Ö	N	S	A	K	E	R	Ä	V	S	Y	Z	G	I
S	I	A	B	S	Z	J	Z	B	G	R	J	K	Z	T	T
S	T	G	C	D	Y	B	M	G	G	E	U	N	S	X	M
B	J	O	M	I	D	D	A	G	W	S	X	X	F	M	S
M	N	K	R	A	X	E	J	T	Y	G	R	M	I	E	P

KAKA
MIDDAG
DRYCK
ÄGG
FRUKT
GRÖNSAKER
LÄCKER
IS
SKED
LUNCH

NUDLAR
SERVITÖR
SALLAD
SOPPA
KRYDDOR
STOL
FISK
GAFFEL
VATTEN
SALT

35 - De Media

U	P	P	K	O	P	P	L	A	D	A	P	O	K	Y	K
T	I	D	N	I	N	G	A	R	X	Z	T	F	O	N	P
U	T	B	I	L	D	N	I	N	G	Y	O	F	M	F	R
F	I	N	A	N	S	I	E	R	I	N	G	E	M	G	I
I	Z	U	B	B	J	R	A	R	H	M	N	N	U	K	N
N	D	W	Y	T	L	B	D	K	B	E	I	T	N	O	T
D	L	S	W	A	X	T	H	U	H	U	N	L	I	M	E
U	F	R	E	O	O	K	G	D	P	D	D	I	K	M	L
S	U	S	Y	M	S	I	U	F	H	Y	I	G	A	E	L
T	A	A	B	F	P	S	D	F	A	K	T	A	T	R	E
R	B	Z	C	O	N	Å	L	A	K	O	L	U	I	S	K
I	L	X	E	F	H	L	I	Y	R	X	P	E	O	I	T
R	N	Ä	T	V	E	R	K	S	P	V	J	R	N	E	U
O	Z	T	J	N	D	W	S	N	O	N	N	A	R	L	E
O	O	V	C	J	C	H	N	U	T	G	Å	V	A	L	L
L	V	H	Y	W	P	C	E	D	I	G	I	T	A	L	L

ANNONS
KOMMERSIELL
KOMMUNIKATION
DIGITAL
UTGÅVA
FAKTA
FINANSIERING
ENSKILD
INDUSTRI
INTELLEKTUELL
TIDNINGAR
LOKAL
ÅSIKT
NÄTVERK
UTBILDNING
UPPKOPPLAD
OFFENTLIG
RADIO
TV
TIDNING

36 - Bijen

M	L	S	J	Z	P	T	D	R	Å	G	D	Ä	R	T	V
D	D	O	G	X	M	X	X	O	M	P	T	H	J	A	C
N	P	L	Z	V	Å	J	X	T	K	E	S	N	I	M	Y
A	C	O	K	Z	N	P	D	A	P	U	K	I	B	X	M
V	D	A	B	K	G	O	J	N	V	V	I	N	G	A	R
Ä	R	M	O	X	F	L	L	I	V	S	M	I	L	J	Ö
L	O	R	Ö	K	A	L	H	L	R	J	E	N	E	X	T
G	T	H	U	O	L	E	X	L	M	S	T	S	Z	P	P
Ö	T	H	O	A	D	N	K	O	P	U	S	G	R	S	X
R	N	W	S	N	U	B	F	P	M	P	Y	V	W	G	X
A	I	X	V	U	U	H	L	A	A	Y	S	R	W	E	L
N	N	Z	C	N	B	N	P	O	M	S	O	B	E	G	K
D	G	S	V	Ä	R	M	G	T	M	W	K	I	H	C	C
E	C	V	H	H	T	S	V	K	O	M	E	R	V	L	H
A	G	P	G	C	Z	Y	B	E	L	I	O	M	J	F	W
F	R	U	K	T	D	N	O	Y	B	A	P	R	C	J	F

POLLINATOR
BIKUPA
BLOMMOR
BLOMMA
MÅNGFALD
EKOSYSTEM
FRUKT
LIVSMILJÖ
HONUNG
INSEKT
DROTTNING
RÖK
POLLEN
TRÄDGÅRD
VINGAR
MAT
VÄLGÖRANDE
VAX
SOL
SVÄRM

37 - Wandelen

W	O	T	S	X	E	A	N	T	R	N	T	M	X	S	V
A	R	X	F	C	D	J	U	R	I	A	P	L	D	T	A
R	I	M	R	T	E	K	G	H	S	T	O	C	J	Ö	T
V	E	Y	B	E	R	G	D	D	K	U	C	L	D	V	T
O	N	G	T	A	M	I	L	K	E	R	N	U	D	L	E
O	T	G	R	S	B	A	I	B	R	X	A	F	L	A	N
D	E	J	Ö	V	T	D	V	T	U	N	G	X	M	R	Y
J	R	W	T	P	O	E	T	Ö	M	P	P	O	T	K	I
N	I	G	T	O	L	Z	N	K	L	I	P	P	A	D	A
E	N	R	K	C	G	U	X	A	T	R	A	K	U	R	J
E	G	V	G	J	Z	K	T	V	R	M	C	P	Z	S	R
F	O	N	N	C	A	M	P	I	N	G	M	C	A	Z	R
F	R	K	L	Y	I	K	G	T	M	E	T	S	F	N	R
P	B	R	F	M	B	C	Y	F	P	A	R	K	E	R	L
F	F	Ö	R	B	E	R	E	D	E	L	S	E	R	H	D
V	J	M	J	U	M	X	G	V	K	C	S	O	L	U	C

BERG
DJUR
RISKER
KARTA
CAMPING
KLIPPA
KLIMAT
STÖVLAR
TRÖTT
MYGG
NATUR
ORIENTERING
PARKER
STENAR
TOPPMÖTE
FÖRBEREDELSE
VATTEN
VILD
SOL
TUNG

38 - Ecologie

S	A	M	H	Ä	L	L	E	N	H	T	L	S	H	Y	D
F	R	I	V	I	L	L	I	G	A	H	R	P	U	Z	Y
S	W	P	G	I	D	U	I	W	A	U	C	X	D	U	C
V	X	O	G	I	L	R	U	T	A	N	P	J	T	X	Y
E	L	B	D	A	N	V	E	L	R	E	V	Ö	Y	H	J
H	I	E	O	A	I	S	C	M	O	X	O	C	M	M	D
T	X	P	F	N	R	R	Ä	K	L	G	B	E	M	H	A
S	V	R	I	R	A	T	V	R	F	L	U	Z	L	M	E
H	Ö	J	L	I	M	S	V	I	L	O	K	H	L	Å	A
T	Å	Z	S	W	P	V	K	D	A	B	L	G	S	N	J
K	X	L	K	P	V	C	Ä	R	A	A	I	D	I	G	L
F	T	I	L	X	L	P	G	X	N	L	M	G	L	F	M
B	E	R	G	B	F	E	P	D	T	R	A	N	U	A	F
T	C	W	G	H	A	K	R	O	T	E	T	Ä	D	L	J
Y	N	N	P	N	H	R	U	T	A	N	R	M	J	D	N
V	E	G	E	T	A	T	I	O	N	O	R	D	P	R	U

BERG
MÅNGFALD
TORKA
HÅLLBAR
FAUNA
FLORA
SAMHÄLLEN
GLOBAL
LIVSMILJÖ
KLIMAT
MARIN
KÄRR
NATUR
NATURLIG
ÖVERLEVNAD
VÄXTER
ART
MÄNGD
VEGETATION
FRIVILLIGA

39 - Biologie

D	Ä	G	G	D	J	U	R	Z	T	L	K	Y	I	E	K
M	E	B	G	C	N	D	Z	C	E	Z	R	K	C	D	R
X	E	M	B	R	Y	O	W	P	V	R	E	N	I	V	O
C	O	O	I	Z	K	M	C	L	O	D	P	P	D	O	M
Z	J	U	S	W	R	U	G	I	L	R	U	T	A	N	O
S	U	R	M	S	O	O	M	M	U	C	N	K	K	I	S
S	O	I	B	M	Y	S	U	O	T	I	E	M	Y	E	O
E	N	Z	Y	M	J	O	T	T	I	X	G	L	R	T	M
T	R	O	H	K	O	M	A	A	O	S	A	L	L	O	A
N	P	E	M	W	I	S	T	N	N	Y	L	E	X	R	N
Y	N	Y	P	R	F	O	I	A	Y	N	L	C	C	P	D
S	P	U	K	T	O	G	O	P	B	A	O	V	P	B	N
O	Z	P	U	P	I	H	N	M	D	P	K	R	V	F	I
T	G	K	G	U	Z	L	R	E	J	S	U	E	F	H	N
O	B	B	R	D	B	L	D	G	C	W	J	N	W	E	G
F	N	V	D	I	E	G	K	R	Z	E	W	X	V	T	M

ANDNING
ANATOMI
CELL
KROMOSOM
KOLLAGEN
PROTEIN
EMBRYO
ENZYM
EVOLUTION
FOTOSYNTES

HORMON
MUTATION
NATURLIG
NERVCELL
OSMOS
REPTIL
SYMBIOS
SYNAPS
NERV
DÄGGDJUR

40 - Landen #1

Y	R	A	X	N	E	I	L	I	S	A	R	B	J	M	F
H	R	N	E	I	N	A	P	S	C	A	N	P	L	F	U
M	B	W	B	C	I	T	A	L	I	E	N	O	A	C	F
P	U	D	N	A	L	T	T	E	L	L	E	X	R	X	W
O	O	S	P	R	Y	J	F	G	A	I	Y	W	U	G	Y
L	A	N	C	A	M	K	Y	G	G	H	B	N	N	G	E
E	K	L	F	G	M	Y	L	V	E	C	I	I	I	N	E
N	M	A	L	U	I	W	O	D	N	A	L	I	D	D	G
G	Y	B	M	A	I	S	R	A	E	L	I	O	Y	C	Y
P	J	N	Z	B	N	E	G	R	S	R	M	R	V	M	P
R	E	D	R	M	O	P	A	N	A	M	A	F	A	D	T
K	A	N	A	D	A	D	N	A	L	K	S	Y	T	K	E
M	A	R	O	C	K	O	J	B	E	L	G	I	E	N	N
R	U	M	Ä	N	I	E	N	A	C	X	N	R	O	K	J
X	X	W	H	W	U	N	F	P	G	J	E	W	T	E	L
H	R	P	J	L	P	W	Z	F	K	C	L	G	Z	M	F

BELGIEN
BRASILIEN
KAMBODJA
KANADA
CHILE
TYSKLAND
EGYPTEN
IRAK
ISRAEL
ITALIEN
LETTLAND
LIBYEN
MAROCKO
NICARAGUA
NORGE
PANAMA
POLEN
RUMÄNIEN
SENEGAL
SPANIEN

41 - Installaties

L	E	S	D	Ö	G	F	O	O	I	R	G	I	W	O	S
U	Ö	W	O	S	S	Y	U	I	K	R	B	R	K	O	H
G	A	V	D	H	U	Y	U	F	G	D	B	P	Ä	G	E
V	E	T	V	M	O	S	S	A	L	Y	U	J	S	S	O
Ö	E	S	R	E	B	L	O	M	M	A	S	S	K	O	G
R	F	G	C	V	R	S	A	Y	V	C	K	X	V	C	X
T	L	C	E	N	I	K	Z	F	V	X	E	J	E	S	E
O	O	C	I	T	D	Ä	R	T	L	F	K	G	S	W	R
R	R	W	Z	W	A	N	Ö	R	G	R	U	M	J	N	S
Z	A	U	W	F	L	T	P	D	N	B	B	A	M	B	U
K	D	Z	U	W	B	J	I	M	D	O	B	B	A	P	T
Y	K	Y	R	P	M	I	X	O	M	T	Ö	B	Ä	R	K
V	T	R	Ä	D	G	Å	R	D	N	A	N	O	Y	P	A
G	N	D	L	N	Y	I	Y	A	U	N	A	V	S	B	K
O	T	L	M	R	J	W	S	T	B	I	R	R	R	L	R
R	E	E	C	L	F	G	S	V	F	K	I	U	Y	R	X

BAMBU
BÄR
BLAD
BLOMMA
TRÄD
BÖNA
SKOG
KAKTUS
FLORA
LÖVVERK
GRÄS
MURGRÖNA
ÖRT
GÖDSEL
MOSSA
BOTANIK
BUSKE
TRÄDGÅRD
VEGETATION
ROT

42 - Agronomie

V	E	O	R	G	A	N	I	S	K	N	K	P	G	L	P
S	A	R	X	B	P	P	C	F	U	A	E	O	Ö	F	R
J	E	T	O	G	N	I	N	K	S	R	O	F	D	M	O
U	E	I	T	S	K	A	Ö	J	W	A	G	X	S	F	D
K	K	B	N	E	I	I	R	F	E	B	N	D	E	I	U
D	O	W	G	E	N	O	F	Ö	J	L	I	M	L	T	K
O	L	H	T	C	M	T	N	R	J	L	R	L	R	I	T
M	O	A	E	U	Y	J	P	O	M	Å	E	J	C	L	I
A	G	S	Y	S	T	E	M	R	V	H	I	A	C	L	O
R	I	U	R	G	V	J	W	E	H	S	F	I	O	V	N
J	O	R	D	B	R	U	K	N	I	F	I	N	U	Ä	J
B	P	Z	V	G	N	D	J	I	J	K	T	J	W	X	K
U	E	N	E	R	G	I	R	N	M	Z	N	W	I	T	N
K	L	A	N	T	L	I	G	G	B	T	E	S	I	C	K
P	V	E	T	E	N	S	K	A	P	C	D	K	V	H	Y
G	R	Ö	N	S	A	K	E	R	F	F	I	N	P	A	F

HÅLLBAR
EKOLOGI
ENERGI
EROSION
TILLVÄXT
GRÖNSAKER
IDENTIFIERING
JORDBRUK
LANTLIG
GÖDSEL

MILJÖ
FORSKNING
ORGANISK
PRODUKTION
SYSTEM
FÖRORENING
VATTEN
VETENSKAP
FRÖN
SJUKDOMAR

43 - Oceaan

T	N	Y	E	D	J	K	D	F	Z	N	C	N	U	H	F
T	O	N	F	I	S	K	R	V	A	L	G	T	A	G	B
Å	R	I	J	J	A	H	R	A	S	W	M	P	Z	S	F
B	T	F	O	J	K	L	R	K	B	G	P	R	N	H	H
B	S	L	N	A	Ä	J	G	V	B	B	M	R	O	T	S
R	O	E	U	H	R	Y	N	E	T	T	A	V	D	I	T
I	E	D	S	U	I	V	W	R	R	K	V	V	C	H	L
B	L	Ä	C	K	F	I	S	K	Y	O	S	Y	V	U	A
Z	W	V	L	O	M	M	G	K	C	R	Z	F	P	F	S
K	L	A	J	I	I	U	A	R	O	A	P	A	W	I	S
M	T	E	V	X	S	S	H	N	D	L	K	J	D	S	O
K	V	R	K	W	L	V	O	I	E	L	P	V	H	K	N
S	K	Ö	L	D	P	A	D	D	A	T	J	T	B	A	F
W	E	K	R	E	V	X	N	P	K	X	H	S	Å	C	E
P	T	F	W	J	P	N	O	U	V	O	A	L	L	R	X
R	O	D	R	O	P	B	S	W	M	V	F	P	I	Z	F

ÅL
ALGER
BÅT
DELFIN
RÄKA
TIDVATTEN
HAJ
KORALL
KRABBA
MANET
BLÄCKFISK
OSTRON
REV
SKÖLDPADDA
SVAMP
STORM
TONFISK
FISK
VAL
SALT

44 - Landen #2

I	N	D	O	N	E	S	I	E	N	O	N	A	B	I	L
R	Y	S	S	L	A	N	D	N	A	L	R	I	S	V	K
K	N	F	R	Z	C	V	S	D	X	L	R	P	P	D	T
E	E	A	U	J	W	O	G	O	K	N	G	K	J	F	H
S	I	N	W	M	D	D	D	F	P	U	K	Y	N	W	Z
L	R	I	Y	D	E	N	E	I	P	O	I	T	E	J	R
C	Y	A	L	A	A	M	A	L	A	Y	S	I	A	A	V
T	S	R	L	A	O	S	C	L	S	O	O	C	I	P	S
T	D	K	V	R	Z	A	M	A	K	L	V	U	R	A	D
U	Z	U	J	G	O	A	X	P	M	E	F	O	E	N	A
F	R	A	N	K	R	I	K	E	R	E	R	I	G	H	N
I	Z	O	K	F	M	R	H	N	B	J	X	G	I	J	M
J	P	O	B	D	J	E	Y	K	Y	N	X	I	N	K	A
F	R	J	C	J	M	B	G	Z	W	P	T	K	C	Z	R
S	N	N	M	B	A	I	L	A	M	O	S	U	Z	O	K
U	G	A	N	D	A	L	G	T	K	S	W	B	E	I	J

DANMARK
ETIOPIEN
FRANKRIKE
GREKLAND
IRLAND
INDONESIEN
JAPAN
KENYA
LAOS
LIBANON
LIBERIA
MALAYSIA
MEXICO
NEPAL
NIGERIA
UGANDA
UKRAINA
RYSSLAND
SOMALIA
SYRIEN

45 - Bloemen

C	C	W	E	H	Z	G	B	E	C	P	K	L	C	C	P
B	B	J	L	J	V	A	T	P	W	Å	R	J	F	C	A
P	P	L	U	M	E	R	I	A	X	S	O	R	L	O	S
S	I	M	A	S	K	R	O	S	B	K	N	D	Y	N	S
U	A	O	M	L	L	A	V	D	M	L	B	S	Z	R	I
K	I	O	N	M	A	O	D	E	X	I	L	Y	W	P	O
S	L	G	A	R	D	E	N	I	A	L	A	U	D	Z	N
I	O	Ö	C	R	I	Y	E	U	L	J	D	Z	C	E	F
B	N	F	V	L	E	T	B	V	I	A	P	B	Y	T	L
I	G	Z	L	E	A	J	L	I	L	J	C	U	W	N	O
H	A	J	N	H	R	V	Y	R	É	D	I	K	R	O	W
K	M	O	M	R	M	O	E	C	G	E	F	E	K	J	E
T	U	L	P	A	N	A	V	N	S	L	O	T	B	X	R
J	A	S	M	I	N	K	D	A	D	X	N	T	I	U	B
T	U	S	E	N	S	K	Ö	N	A	E	M	K	G	H	J
Z	R	E	G	P	J	O	Z	Y	Y	B	L	H	Y	Z	J

KRONBLAD
BUKETT
GARDENIA
HIBISKUS
JASMIN
KLÖVER
LAVENDEL
LILJA
LILA
TUSENSKÖNA
MAGNOLIA
PÅSKLILJA
ORKIDÉ
MASKROS
VALLMO
PASSIONFLOWER
PION
PLUMERIA
TULPAN
SOLROS

46 - Landschappen

T	U	M	S	Z	E	A	J	S	A	L	J	T	U	F	U
Y	R	M	C	T	S	I	S	B	E	R	G	D	U	O	S
T	N	X	G	S	R	D	O	S	H	B	A	C	A	M	C
L	X	F	N	D	T	A	Y	E	N	C	I	C	O	B	F
K	C	K	B	X	X	I	N	M	A	H	Y	I	F	T	S
S	X	V	K	S	B	Y	R	D	E	R	V	V	R	I	G
G	C	W	Y	X	K	L	O	V	P	R	N	H	S	S	X
O	D	Ö	O	A	S	F	W	M	T	U	B	M	T	J	I
L	Z	A	I	R	Ä	O	R	E	S	J	E	G	R	E	B
F	U	E	L	D	R	L	Ä	F	L	O	D	B	L	G	I
F	E	Z	C	N	T	J	I	G	U	L	N	N	H	R	J
B	K	I	M	U	S	F	C	H	Y	K	U	E	H	O	L
R	T	V	C	T	J	N	A	K	L	U	V	K	A	T	Z
D	W	N	I	O	L	X	L	G	W	L	B	Ö	L	T	J
D	L	A	M	O	P	A	G	K	O	U	V	J	V	A	H
V	A	T	T	E	N	F	A	L	L	E	B	S	Ö	O	L

BERG
GEJSER
GLACIÄR
GOLF
GROTTA
KULLE
ISBERG
SJÖ
TRÄSK
OAS
FLOD
HALVÖ
STRAND
TUNDRA
DAL
VULKAN
VATTENFALL
ÖKEN
HAV

47 - Tuin

H	V	E	R	A	N	D	A	J	F	X	T	T	D	S	R
S	Ä	R	G	O	I	E	Y	Y	L	O	E	W	A	K	Ä
L	X	N	R	K	V	P	A	R	F	H	G	F	M	Y	F
V	S	W	G	U	J	R	L	J	P	M	B	Y	M	F	S
P	Z	T	E	M	T	R	Ä	D	G	Å	R	D	J	F	A
J	Y	V	A	I	A	W	R	E	K	C	T	W	N	E	G
H	G	Y	M	K	T	T	E	Z	F	P	W	R	B	L	R
T	R	M	M	H	E	R	T	E	Y	R	K	N	Ä	B	Ä
Y	Ä	M	O	J	K	T	H	A	S	L	A	N	G	D	S
D	S	U	L	F	S	G	A	R	A	G	E	M	D	T	M
G	P	G	B	V	U	Z	Z	D	J	K	V	X	C	E	A
K	J	C	A	W	B	D	F	R	G	J	Y	K	W	R	T
F	R	U	K	T	T	R	Ä	D	G	Å	R	D	M	R	T
O	H	R	X	L	C	U	L	H	M	Y	O	J	V	A	A
J	J	N	K	K	E	X	D	H	H	D	M	W	U	S	I
B	G	N	E	T	R	A	M	P	O	L	I	N	L	S	I

BÄNK
BLOMMA
TRÄD
FRUKTTRÄDGÅRD
GARAGE
GRÄSMATTA
GRÄS
HÄNGMATTA
RÄFSA
STAKET
OGRÄS
SKYFFEL
SLANG
BUSKE
TERRASS
TRAMPOLIN
TRÄDGÅRD
VERANDA
DAMM
VIN

48 - Beroepen #2

K	R	Ö	T	A	R	T	S	U	L	L	I	U	L	J	P
I	Z	F	I	S	W	T	A	N	D	L	Ä	K	A	R	E
R	O	I	N	T	L	O	F	P	H	K	V	N	U	U	I
U	O	L	G	R	Ä	L	A	X	N	E	O	W	U	L	R
R	L	O	E	O	R	I	D	C	R	V	O	B	G	I	A
G	O	S	N	N	A	P	U	F	C	I	Z	W	A	N	K
B	G	O	J	A	R	L	Z	A	Y	T	Y	B	Z	G	E
B	I	F	Ö	U	E	F	O	R	S	K	A	R	E	V	T
Y	O	O	R	T	J	C	B	G	X	E	O	N	R	I	O
B	U	N	L	L	H	M	E	O	W	T	K	J	A	S	I
H	B	S	D	O	V	W	L	T	D	E	O	K	K	T	L
D	K	I	B	E	G	Y	Z	O	I	D	V	R	Ä	P	B
K	B	I	L	R	K	K	X	F	O	P	Z	B	L	A	I
U	P	P	F	I	N	N	A	R	E	R	A	L	Å	M	B
J	O	U	R	N	A	L	I	S	T	W	Y	G	V	P	H
W	E	E	H	F	M	B	E	A	Z	J	P	T	O	F	A

LÄKARE
ASTRONAUT
BIBLIOTEKARIE
BIOLOG
BONDE
KIRURG
DETEKTIV
FILOSOF
FOTOGRAF
ILLUSTRATÖR
INGENJÖR
JOURNALIST
LÄRARE
LINGVIST
FORSKARE
PILOT
MÅLARE
TANDLÄKARE
UPPFINNARE
ZOOLOG

49 - Dagen en Maanden

O	O	A	P	R	K	J	S	K	U	X	N	B	P	F	G
K	N	I	I	T	S	U	G	U	A	J	U	N	I	R	V
T	S	T	X	R	S	D	A	W	K	L	N	H	N	E	K
O	D	R	H	P	U	G	D	C	C	E	E	G	T	D	T
B	A	N	B	V	I	X	N	I	E	J	C	N	T	A	J
E	G	N	M	A	R	S	Å	H	V	Y	R	T	D	G	V
R	A	J	O	M	Å	X	M	G	G	I	W	I	A	E	I
H	D	Z	G	V	T	O	R	S	D	A	G	S	N	F	R
E	R	C	A	R	E	S	Ö	N	D	A	G	D	Å	T	A
H	Ö	Y	P	A	U	M	G	B	M	J	N	A	M	C	U
T	L	G	L	S	S	A	B	I	T	T	N	G	O	W	R
J	Z	I	Y	O	O	D	F	E	Y	B	O	W	C	S	B
D	U	G	N	M	S	S	B	I	R	A	U	N	A	J	E
K	X	L	S	E	P	T	E	M	B	E	R	X	T	M	F
U	K	E	I	I	Z	N	B	B	Y	N	Y	Z	L	Z	J
I	H	S	M	G	N	W	A	S	J	O	H	U	T	Z	K

AUGUSTI
TISDAG
TORSDAG
FEBRUARI
ÅR
JANUARI
JULI
JUNI
KALENDER
MÅNAD
MÅNDAG
MARS
NOVEMBER
OKTOBER
SEPTEMBER
FREDAG
VECKA
ONSDAG
LÖRDAG
SÖNDAG

50 - Mode

U	K	S	I	T	S	I	L	A	M	I	N	I	M	B	K
S	B	I	A	R	U	T	X	E	T	D	R	I	L	R	V
N	X	J	W	E	F	F	U	U	K	K	U	P	I	O	O
C	H	I	G	N	Z	E	B	Q	U	N	O	H	Z	D	X
A	O	R	U	D	J	V	L	I	I	A	E	O	A	E	Z
J	R	L	K	R	U	U	Y	T	E	P	T	Y	G	R	H
H	I	B	N	Ä	G	I	G	U	B	P	K	U	K	I	D
B	G	K	P	V	F	P	S	O	V	A	C	H	X	M	I
Y	I	G	L	S	M	A	A	B	P	R	E	A	F	R	P
F	N	J	B	I	T	Ö	M	Ä	V	K	E	B	P	K	T
H	A	J	M	R	N	E	N	M	O	D	E	R	N	N	A
L	L	L	G	P	A	B	P	S	B	M	G	R	O	M	Z
Y	I	P	S	M	G	B	N	S	T	O	H	A	E	F	V
T	T	P	F	M	E	C	D	Y	R	E	D	Ä	L	K	K
J	S	O	D	Y	L	T	C	O	E	P	R	L	Y	F	I
L	A	L	U	N	E	P	R	A	K	T	I	S	K	O	O

BLYGSAM
PRISVÄRD
BRODERI
BEKVÄM
DYR
ENKEL
ELEGANT
SPETS
KLÄDER
KNAPPAR
MINIMALISTISK
MODERN
ORIGINAL
MÖNSTER
PRAKTISK
STIL
TYG
TEXTUR
TREND
BOUTIQUE

51 - Menselijk Lichaam

H	H	Y	Z	O	I	X	J	P	B	V	K	F	P	J	Z
J	H	R	J	K	Y	G	I	G	H	F	G	Z	O	D	T
Ä	P	G	C	V	Ä	O	O	F	C	J	W	V	S	W	T
R	I	U	I	P	N	K	F	X	C	T	M	Y	H	T	G
N	M	N	E	T	V	C	E	G	Å	B	M	R	A	N	O
A	T	R	Ä	J	H	O	G	F	I	N	G	E	R	R	D
S	Z	M	C	B	O	B	A	R	Ö	M	D	A	K	A	H
Ä	U	I	M	P	U	M	M	S	G	Y	U	G	E	K	P
N	W	S	C	M	B	E	Z	P	J	K	V	N	T	N	B
F	O	T	L	E	D	O	L	B	J	N	U	U	N	K	L
O	G	P	E	A	U	F	D	P	S	Ä	H	T	K	P	O
K	H	T	X	F	H	L	M	A	P	G	U	E	C	C	T
P	N	A	A	S	R	G	S	W	J	F	U	W	B	E	N
S	F	H	A	N	V	Z	Y	I	G	E	T	R	T	B	N
W	C	R	D	V	E	M	V	M	A	F	H	A	N	D	Y
E	T	O	R	U	L	B	G	U	G	G	A	P	P	Z	Y

BEN
BLOD
ARMBÅGE
FOTLED
HAND
HJÄRTA
HJÄRNA
HUVUD
HUD
KÄKE
HAKA
KNÄ
MAGE
MUN
HALS
NÄSA
ÖRA
AXEL
TUNGA
FINGER

52 - Energie

X	Y	F	L	L	C	N	C	V	Y	N	O	F	R	C	T
H	V	T	I	H	F	J	D	X	F	R	Z	K	J	S	F
T	I	R	T	S	U	D	N	I	K	H	Y	W	J	I	N
O	P	T	R	X	S	C	H	Y	M	H	P	A	K	E	P
F	O	T	O	N	I	B	R	U	T	J	E	V	K	L	F
O	R	O	T	O	M	K	U	T	V	Ä	R	M	E	E	Ö
G	T	V	G	P	J	E	B	F	S	W	N	I	I	K	R
O	N	K	J	P	N	L	V	A	G	N	Å	X	R	T	N
W	E	N	I	S	N	E	B	R	Ä	N	S	L	E	R	Y
F	I	D	L	S	N	K	S	K	V	S	O	E	T	O	B
V	M	M	J	Y	Z	T	T	N	I	D	N	S	T	N	A
Y	Ä	A	D	U	S	R	Z	R	N	Z	Z	E	A	N	R
S	W	T	Ö	J	L	I	M	Ä	D	P	W	I	B	P	K
M	T	V	E	Y	O	S	M	K	J	F	A	D	J	I	Y
C	L	F	E	X	K	K	Z	V	W	H	I	P	I	K	E
F	J	E	U	S	C	F	Ö	R	O	R	E	N	I	N	G

BATTERI
BENSIN
BRÄNSLE
DIESEL
ELEKTRISK
ELEKTRON
ENTROPI
FOTON
FÖRNYBAR
INDUSTRI
KOL
MOTOR
KÄRNKRAFT
MILJÖ
ÅNGA
TURBIN
FÖRORENING
VÄRME
VÄTE
VIND

53 - Gebouwen

G	N	E	Z	S	B	J	M	M	H	E	Y	N	Y	U	A
B	I	O	F	T	L	J	U	Z	Z	K	Z	P	A	N	M
L	A	D	A	A	K	C	I	U	T	X	S	D	Z	I	B
F	L	D	Y	D	O	N	R	O	T	T	Ä	L	T	V	A
R	A	T	V	I	X	I	O	D	D	F	U	Z	O	E	S
N	L	B	D	O	M	A	T	A	F	F	Ä	R	S	R	S
U	O	S	R	N	N	N	A	T	F	A	V	R	J	S	A
W	K	W	T	I	N	T	V	G	O	X	U	G	U	I	D
V	S	O	S	U	K	D	R	P	R	L	I	Å	K	T	I
D	D	T	R	U	G	D	E	N	B	L	S	R	H	E	E
M	U	S	E	U	M	A	S	T	H	E	G	D	U	T	S
K	E	V	T	M	F	P	B	R	O	T	H	J	S	K	G
C	B	N	A	U	C	G	O	G	Z	O	N	L	U	U	H
L	Ä	G	E	N	H	E	T	E	L	H	K	M	O	C	F
A	M	O	T	W	F	C	Y	A	W	P	F	U	R	B	D
U	A	L	A	B	O	R	A	T	O	R	I	U	M	X	W

AMBASSAD
LÄGENHET
BIO
GÅRD
STUGA
FABRIK
HOTELL
SLOTT
LABORATORIUM
MUSEUM
OBSERVATORIUM
SKOLA
LADA
STADION
MATAFFÄR
TÄLT
TEATER
TORN
UNIVERSITET
SJUKHUS

54 - Kunst

M	R	L	N	G	X	P	S	P	Ä	S	C	O	C	M	S
Å	V	F	G	X	U	D	H	O	M	A	V	Y	W	O	U
L	I	Y	K	B	V	A	I	E	N	A	H	J	E	R	R
N	S	A	I	C	G	R	A	S	E	R	C	G	N	I	R
I	U	I	M	A	Y	E	P	I	T	D	G	W	K	G	E
N	E	Z	A	P	E	R	S	O	N	L	I	G	E	I	A
G	L	S	R	A	B	I	T	Z	B	I	T	K	L	N	L
A	L	J	E	K	R	P	W	T	S	K	L	O	F	A	I
R	V	Z	K	S	S	S	Y	H	U	S	E	M	U	L	S
D	Z	V	M	S	P	N	S	U	D	V	C	P	H	X	M
F	I	G	U	R	Y	I	V	M	C	P	G	L	X	S	G
H	W	C	U	W	J	M	I	Ö	Z	T	N	E	E	T	Ä
B	H	Z	H	D	H	O	B	R	L	E	T	X	N	D	R
U	E	F	U	M	P	V	M	O	P	I	N	E	D	J	L
Z	R	I	G	H	R	U	T	P	L	U	K	S	V	Z	I
V	U	P	C	O	O	Z	K	Y	E	G	S	J	W	O	G

SKULPTUR
KOMPLEX
SKAPA
ENKEL
ÄRLIG
FIGUR
INSPIRERAD
HUMÖR
KERAMIK
ÄMNE

ORIGINAL
PERSONLIG
POESI
SKILDRA
MÅLNINGAR
SURREALISM
SYMBOL
UTTRYCK
VISUELL

55 - Beroepen #1

J	H	T	S	I	N	A	I	P	N	A	T	M	G	E	K
E	M	Z	B	P	F	D	K	G	P	M	C	E	E	D	A
W	B	G	N	P	J	V	D	W	O	W	U	Y	O	D	R
J	S	H	Z	N	M	O	N	O	R	T	S	A	L	R	T
D	Ä	S	R	Ö	T	K	A	D	E	R	B	C	O	Ö	O
A	D	G	W	C	R	A	Z	H	K	L	X	N	G	R	G
N	E	R	A	K	E	T	O	P	A	O	M	M	C	M	R
S	Y	A	K	R	Ö	D	A	S	S	A	B	M	A	O	A
A	A	K	S	R	E	T	Ö	K	S	K	U	J	S	K	F
R	I	D	R	O	T	T	A	R	E	W	L	P	O	A	C
E	R	M	T	O	G	O	L	O	K	Y	S	P	U	R	K
D	R	W	J	S	W	A	Ä	A	G	W	R	X	L	E	Y
B	A	N	K	I	R	E	K	I	S	U	M	T	G	E	H
F	C	L	R	X	N	Y	A	F	O	R	S	K	A	R	E
P	H	M	D	W	P	E	R	A	R	E	L	E	V	U	J
V	B	R	Ä	N	I	R	E	T	E	V	A	T	N	N	A

ADVOKAT
AMBASSADÖR
APOTEKARE
ASTRONOM
IDROTTARE
BANKIR
KARTOGRAF
DANSARE
VETERINÄR
LÄKARE
REDAKTÖR
GEOLOG
JÄGARE
JUVELERARE
RÖRMOKARE
MUSIKER
PIANIST
PSYKOLOG
SJUKSKÖTERSKA
FORSKARE

56 - Antarctica

E	Y	B	O	Z	Y	M	Z	H	P	E	T	E	P	K	Y
S	I	B	V	U	H	X	C	V	G	R	E	X	Y	O	Z
P	I	N	G	V	I	N	E	R	I	A	M	P	A	N	G
Y	F	V	U	J	W	B	Y	X	L	K	P	E	K	T	H
J	A	Y	A	A	W	B	J	Z	P	S	E	D	E	I	P
B	R	R	M	T	X	Z	P	J	A	R	R	I	B	N	H
E	G	I	N	E	T	S	L	R	K	O	A	T	X	E	A
V	O	F	P	O	U	E	B	E	S	F	T	I	S	N	L
A	P	A	E	R	U	Z	N	L	N	V	U	O	Z	T	V
R	O	R	M	O	L	N	S	A	E	A	R	N	L	C	Ö
A	T	G	U	I	C	Ö	A	R	T	L	E	I	J	Z	J
N	A	O	D	R	B	S	Z	E	E	H	A	M	K	K	L
D	H	E	M	L	K	M	U	N	V	H	Y	U	J	C	I
E	O	G	G	R	E	R	Ä	I	C	A	L	G	L	S	M
I	V	H	A	G	J	S	U	M	O	V	I	D	Y	X	R
V	M	I	G	R	A	T	I	O	N	L	D	W	I	W	I

VIK
BEVARANDE
KONTINENT
ÖAR
EXPEDITION
GEOGRAFI
GLACIÄRER
IS
MIGRATION
MINERALER
MILJÖ
FORSKARE
PINGVINER
STENIG
HALVÖ
TEMPERATUR
TOPOGRAFI
VATTEN
VETENSKAPLIG
MOLN

57 - Ballet

K	T	S	E	G	F	P	W	N	B	F	J	P	K	O	H
O	R	E	D	Å	L	P	P	A	U	P	I	H	G	A	F
M	A	R	K	P	G	L	K	M	V	H	N	I	K	M	P
P	N	A	I	N	D	T	N	C	D	H	T	U	O	B	U
O	I	U	S	V	I	Z	B	W	B	Y	E	P	R	O	B
S	R	T	U	K	X	K	B	N	M	K	N	W	E	V	L
I	E	T	M	G	I	L	R	Ä	N	T	S	N	O	K	I
T	L	R	E	L	K	S	U	M	A	O	I	X	G	S	K
Ö	L	Y	A	K	O	Y	S	P	J	U	T	Z	R	G	E
R	A	C	V	S	C	X	L	B	S	U	E	B	A	O	N
J	B	K	Ö	O	N	J	H	I	F	Ö	T	G	F	Z	B
R	I	S	V	C	O	A	L	C	S	T	I	L	I	M	L
G	K	F	I	L	W	T	D	N	N	U	S	C	X	T	B
F	C	U	O	R	K	E	S	T	E	R	M	G	A	Y	L
K	K	L	X	D	N	O	I	T	I	T	E	P	E	R	F
C	I	L	N	A	N	F	Ä	R	D	I	G	H	E	T	G

APPLÅDER
KONSTNÄRLIG
BALLERINA
KOREOGRAFI
KOMPOSITÖR
DANSARE
UTTRYCKSFULL
GEST
INTENSITET
MUSIK

ORKESTER
ÖVA
PUBLIK
REPETITION
RYTM
GRACIÖS
MUSKLER
STIL
TEKNIK
FÄRDIGHET

58 - Fruit

S	N	D	A	N	H	W	J	N	A	K	I	S	R	E	P
R	C	B	E	P	E	X	H	O	S	O	S	O	P	L	T
I	N	M	O	Y	E	K	Z	T	C	K	J	K	B	P	M
L	H	T	L	U	E	L	T	F	R	O	W	I	V	P	J
P	X	X	M	G	K	C	S	A	H	S	S	R	L	Ä	F
P	X	P	O	O	H	S	G	I	R	B	W	P	L	I	S
E	I	E	B	S	Z	I	N	Z	N	I	N	A	A	K	M
K	G	Z	S	D	A	A	E	I	L	A	N	I	C	I	A
M	Ö	A	G	T	M	E	L	O	N	A	N	A	B	W	N
X	D	R	R	J	N	O	M	M	O	L	P	B	B	I	G
C	T	M	S	P	Ä	R	O	N	L	U	S	Z	L	D	O
E	G	R	A	B	P	P	U	O	L	Z	K	N	B	O	B
D	H	D	N	K	Ä	X	Z	R	A	Y	A	P	A	P	Ä
L	I	U	A	V	U	R	D	T	H	M	U	R	L	P	R
J	B	R	N	C	V	R	M	I	H	T	U	J	U	Z	L
F	O	D	A	K	O	V	A	C	V	U	V	O	Z	I	E

APRIKOS
ANANAS
ÄPPLE
AVOKADO
BANAN
BÄR
CITRON
DRUVA
HALLON
KÖRSBÄR
KIWI
KOKOS
MANGO
MELON
NEKTARIN
APELSIN
PAPAYA
PÄRON
PERSIKA
PLOMMON

59 - Engineering

M	M	F	N	Y	O	D	L	B	H	W	S	R	F	K	S
O	Ä	S	O	D	V	J	L	V	X	H	D	F	R	O	T
T	T	T	N	V	F	U	I	K	B	I	G	C	A	N	R
O	N	Y	X	R	N	P	V	I	N	K	E	L	M	S	U
R	I	R	W	Ö	B	M	I	W	I	B	N	I	D	T	K
Y	N	K	O	R	A	W	V	X	W	G	Y	V	R	R	T
O	G	A	T	E	T	I	L	I	B	A	T	S	I	U	U
B	K	O	A	L	Z	W	G	C	X	K	D	M	V	K	R
M	E	I	E	S	R	K	E	R	R	K	L	A	N	T	I
A	A	T	L	E	S	E	I	D	E	G	B	F	I	I	I
R	F	S	Z	V	B	B	H	T	T	N	K	L	N	O	Z
G	A	Z	K	M	V	W	Y	X	E	M	E	F	G	N	F
A	D	X	X	I	O	J	O	O	M	N	E	I	L	F	F
I	T	N	E	O	N	O	I	T	A	T	O	R	P	M	L
D	P	U	O	L	I	T	N	O	I	T	K	I	R	F	D
B	E	R	Ä	K	N	I	N	G	D	V	Ä	T	S	K	A

AXEL
BERÄKNING
RÖRELSE
KONSTRUKTION
DIAGRAM
DIAMETER
DJUP
DIESEL
ENERGI
VINKEL

STYRKA
MASKIN
MÄTNING
MOTOR
ROTATION
STABILITET
STRUKTUR
VÄTSKA
FRAMDRIVNING
FRIKTION

60 - Literatuur

T	R	A	G	E	D	I	I	H	D	T	H	H	B	J	F
S	Z	A	S	L	Z	T	T	K	I	C	G	W	I	Ä	Ö
N	T	L	H	I	J	W	T	C	A	M	E	T	O	M	R
N	D	I	F	Z	T	L	V	R	L	D	N	E	G	F	F
R	F	B	L	I	X	W	P	X	O	Z	H	A	R	Ö	A
B	E	R	Ä	T	T	A	R	E	G	C	U	K	A	R	T
Y	A	N	E	K	D	O	T	K	I	D	H	F	F	E	T
N	Y	R	O	F	A	T	E	M	K	X	V	N	I	L	A
U	G	N	I	N	V	I	R	K	S	E	B	T	Z	S	R
M	K	R	A	M	Å	O	F	S	I	L	K	W	P	E	E
L	D	F	V	G	S	T	A	S	T	U	L	S	T	V	O
N	C	O	Y	E	I	I	D	T	E	N	L	D	K	K	U
S	V	D	Z	X	K	X	V	X	O	A	G	S	O	T	D
U	T	J	J	G	T	K	E	A	P	M	B	B	D	V	C
A	N	A	L	Y	S	X	E	D	Z	O	I	W	Y	H	T
A	N	A	L	O	G	I	N	T	E	R	Y	T	M	D	C

ANALOGI
ANALYS
ANEKDOT
FÖRFATTARE
BIOGRAFI
SLUTSATS
DIALOG
DIKT
ÅSIKT
METAFOR
BESKRIVNING
POETISK
RIM
RYTM
ROMAN
STIL
TEMA
TRAGEDI
JÄMFÖRELSE
BERÄTTARE

61 - Boeken

J	N	K	G	X	S	Ä	I	H	H	U	U	M	B	S	F
V	H	E	D	T	N	A	V	E	L	E	R	J	E	I	Ö
M	U	G	Y	R	O	U	M	E	A	W	N	L	R	D	R
K	S	I	P	E	G	R	B	L	N	L	U	X	Ä	A	F
A	V	E	R	J	N	C	R	X	I	T	L	J	T	V	A
R	I	R	Ä	R	E	T	T	I	L	N	Y	D	T	T	T
A	R	A	O	T	R	A	G	I	S	K	G	R	E	G	T
K	K	T	G	M	S	O	X	P	I	I	N	G	L	O	A
T	S	T	G	N	A	H	N	A	M	M	A	S	S	W	R
Ä	S	Ä	A	R	H	N	R	K	K	I	I	H	E	M	E
R	A	R	H	P	H	U	M	O	R	I	S	T	I	S	K
I	R	E	U	O	W	O	I	M	E	B	D	F	D	U	X
S	I	B	S	E	R	A	S	Ä	L	D	I	G	R	L	J
U	C	A	P	S	V	L	T	G	W	Z	K	T	D	M	B
X	M	K	S	I	R	O	T	S	I	H	T	V	F	C	H
D	U	A	L	I	T	E	T	O	Y	G	Y	L	S	R	Z

FÖRFATTARE
ÄVENTYR
SIDA
SAMLING
SAMMANHANG
DUALITET
EPISK
DIKT
SKRIVS
HISTORISK
HUMORISTISK
KARAKTÄR
LÄSARE
LITTERÄR
POESI
RELEVANT
ROMAN
TRAGISK
BERÄTTELSE
BERÄTTARE

62 - Meer Informatie

R	O	B	O	T	A	R	K	F	X	X	R	V	F	I	P
J	H	I	P	I	L	E	K	A	R	O	E	M	W	L	P
E	H	L	B	P	E	R	Ä	N	I	G	A	M	I	L	N
O	I	T	K	J	L	Y	V	T	M	T	L	W	C	U	O
A	N	E	W	R	W	L	V	A	M	M	I	R	U	S	V
E	T	D	I	Z	P	H	C	S	E	N	S	T	S	I	A
X	B	Ö	C	K	E	R	W	T	O	I	T	E	C	O	H
P	J	V	G	G	N	Y	D	I	I	W	I	K	E	N	W
L	W	N	D	E	N	D	E	S	P	H	S	N	N	U	F
O	E	E	S	S	P	A	N	K	O	O	K	I	A	J	R
S	W	G	S	F	N	C	V	S	T	P	T	K	R	H	Z
I	W	O	A	X	Y	K	Z	I	S	L	I	U	I	S	V
O	G	R	D	L	R	Ä	V	T	Y	I	I	B	O	W	X
N	V	T	P	S	A	S	Z	S	D	E	X	T	R	E	M
P	L	A	N	E	T	X	N	Y	L	V	K	B	Z	Y	Z
P	F	B	P	X	Y	F	E	M	E	F	Z	D	C	Z	R

BIO
BÖCKER
ELD
IMAGINÄR
DYSTOPI
EXPLOSION
EXTREM
FANTASTISK
TROGEN
ILLUSION
MYSTISK
ORAKEL
PLANET
REALISTISK
ROBOTAR
SCENARIO
GALAX
TEKNIK
UTOPI
VÄRLD

63 - Regenwoud

L	B	F	M	N	R	H	U	M	S	K	C	S	A	J	Ö
R	E	S	T	A	U	R	E	R	I	N	G	N	R	E	V
A	R	T	K	S	I	N	A	T	O	B	V	A	T	D	E
S	K	K	M	S	M	A	E	A	B	O	W	T	H	J	R
I	X	Y	D	O	A	Å	D	L	M	I	V	U	H	U	L
M	O	L	N	M	V	X	N	H	C	F	G	R	Z	N	E
G	D	F	A	T	O	Ä	A	G	X	E	I	L	Y	G	V
E	Ä	L	M	C	J	M	R	D	F	P	I	B	T	E	N
M	G	L	O	F	A	X	A	D	R	A	P	X	I	L	A
E	G	I	P	F	C	K	V	C	E	Y	L	Y	K	E	D
N	D	T	K	E	P	S	E	R	T	F	K	D	X	K	R
S	J	J	O	K	C	M	B	A	K	S	U	Z	H	L	V
K	U	R	T	K	E	E	Y	L	E	T	E	L	R	I	M
A	R	A	K	B	E	H	R	G	S	N	K	T	L	M	L
P	H	H	S	M	J	N	X	Å	N	C	N	A	D	A	H
T	S	V	C	R	D	I	J	F	I	C	L	G	D	T	A

AMFIBIER
BEVARANDE
BOTANISK
MÅNGFALD
GEMENSKAP
INHEMSK
INSEKTER
DJUNGEL
KLIMAT
MOSSA
NATUR
ÖVERLEVNAD
RESPEKT
RESTAURERING
ART
TILLFLYKT
FÅGLAR
VÄRDEFULL
MOLN
DÄGGDJUR

64 - Haartypes

F	O	T	G	E	Y	K	X	C	B	P	B	W	K	J	L
R	V	I	L	C	W	R	Y	S	R	R	M	R	T	J	O
I	E	H	H	G	U	M	F	X	S	A	B	G	H	Z	C
S	H	N	U	T	U	X	G	E	B	Z	M	N	O	P	K
K	Z	N	V	L	W	Y	G	Z	Å	R	G	Å	N	T	I
A	A	P	E	U	D	A	T	Ä	L	F	U	L	M	U	G
S	I	L	V	E	R	A	K	C	O	L	C	N	J	S	T
V	O	A	I	M	D	L	G	I	G	Å	V	D	U	V	R
R	H	K	C	O	J	T	I	R	N	V	I	T	K	A	O
V	F	S	P	R	S	B	L	D	Ä	M	V	B	T	R	K
X	Y	D	G	V	F	T	L	M	D	F	U	R	V	T	W
X	F	N	T	C	Y	N	A	L	C	X	G	A	A	A	F
G	T	O	R	R	U	E	K	S	J	A	I	V	M	X	B
T	Y	L	S	C	Y	L	S	Y	W	L	H	X	H	R	L
Y	D	B	R	E	R	Y	N	I	A	L	R	M	C	J	I
X	B	P	E	D	O	H	T	A	Z	J	I	A	N	T	S

BLOND
BRUN
TJOCK
TORR
TUNN
FÄRGAD
FLÄTAD
FRISKA
VÅGIG
GRÅ

SKALP
SKALLIG
KORT
LOCKAR
LOCKIGT
LÅNG
VIT
MJUK
SILVER
SVART

65 - Stad

R	E	M	L	E	J	D	K	S	M	D	B	W	R	D	J
M	E	V	N	H	Z	I	P	L	K	J	S	W	B	N	M
U	B	S	Y	N	J	U	V	L	P	O	I	B	V	H	S
S	I	G	T	W	T	G	V	E	Y	U	L	R	R	D	H
E	B	A	E	A	A	P	O	T	E	K	T	A	M	W	R
U	L	L	T	S	U	L	B	O	K	H	A	N	D	E	L
M	I	L	I	D	X	R	X	H	W	L	M	Z	X	R	F
F	O	E	S	Z	O	O	A	M	A	T	A	F	F	Ä	R
L	T	R	R	B	D	J	H	N	B	A	G	E	R	I	L
Y	E	I	E	C	A	I	V	C	G	T	J	C	H	M	T
G	K	G	V	B	A	N	K	M	A	R	K	N	A	D	V
P	C	I	I	A	R	Y	S	T	A	D	I	O	N	Z	V
L	I	L	N	H	G	P	D	Z	L	T	E	A	T	E	R
A	V	S	U	I	A	J	C	I	Z	B	K	X	X	C	X
T	C	P	S	O	L	S	P	B	D	Y	J	S	R	J	J
S	N	F	U	I	Z	K	H	E	H	T	D	W	W	P	P

APOTEK
BAGERI
BANK
BIBLIOTEK
BIO
BOKHANDEL
ZOO
GALLERI
HOTELL
KLINIK

FLYGPLATS
MARKNAD
MUSEUM
RESTAURANG
SKOLA
STADION
MATAFFÄR
TEATER
UNIVERSITET
LAGRA

66 - Creativiteit

K	S	I	T	A	M	A	R	D	Ä	S	W	M	L	E	K
C	L	V	N	W	F	E	O	O	K	H	G	G	H	G	Ä
Y	P	A	D	T	T	N	O	I	T	I	U	T	N	I	N
R	X	C	R	R	R	U	E	M	H	S	W	E	R	L	S
T	O	U	P	H	R	Y	X	W	E	A	B	H	L	R	L
T	M	Y	L	G	E	E	C	K	T	T	J	G	R	Ä	O
U	X	F	A	T	É	T	N	K	E	N	Y	I	R	N	R
R	F	O	A	E	D	F	G	O	T	A	H	D	P	T	W
R	J	O	A	T	I	L	O	G	I	F	I	R	C	S	N
O	K	U	B	I	L	D	T	A	L	S	N	Ä	K	N	H
U	Y	H	N	S	N	G	X	U	A	P	I	F	X	O	H
U	A	O	J	N	G	H	N	B	T	U	V	V	Y	K	G
N	W	K	T	E	H	G	I	D	I	M	S	B	P	F	T
N	L	H	C	T	V	B	Z	I	V	Z	S	F	Z	G	V
I	Z	G	N	N	I	N	S	P	I	R	A	T	I	O	N
H	W	C	L	I	S	P	O	N	T	A	N	I	C	P	Z

KONSTNÄRLIG
BILD
DRAMATISK
ÄKTHET
KÄNSLOR
KÄNSLA
KLARHET
IDÉER
INTRYCK
INSPIRATION

INTENSITET
INTUITION
SPONTAN
UTTRYCK
FÄRDIGHET
FANTASI
VISIONER
VITALITET
SMIDIGHET

67 - Natuur

L	Ö	V	V	E	R	K	I	P	B	G	V	L	Z	B	H
B	H	X	D	A	T	S	I	R	F	I	C	V	B	D	M
S	F	B	O	J	E	O	O	T	H	O	V	N	X	B	A
N	C	E	L	B	U	R	U	S	Z	J	E	E	C	L	R
L	B	X	F	K	L	R	O	N	L	M	U	S	C	B	K
P	S	K	O	G	N	S	F	S	Z	N	R	S	U	U	T
A	V	G	Ö	R	A	N	D	E	I	P	E	F	R	G	I
S	M	F	J	U	M	I	L	T	G	O	T	T	N	P	S
K	A	M	T	K	O	B	I	R	L	E	N	E	K	Ö	K
Y	G	T	I	U	L	B	V	O	A	D	G	H	Y	O	W
D	D	N	G	D	N	A	P	P	C	O	U	N	X	O	B
D	X	X	P	F	R	E	Z	I	I	K	L	Ö	S	W	H
D	Y	N	A	M	I	S	K	S	Ä	Y	N	K	M	M	H
N	H	C	L	X	C	Z	S	K	R	E	T	S	T	W	S
G	A	C	F	F	K	L	I	P	P	O	R	V	C	B	F
W	Y	X	L	W	Y	M	T	I	K	I	H	Z	M	S	T

ARKTISK
BIN
SKOG
DJUR
DYNAMISK
EROSION
LÖVVERK
GLACIÄR
FRISTAD
KLIPPOR
DIMMA
FLOD
SKÖNHET
SKYDD
LUGN
TROPISK
AVGÖRANDE
VILD
ÖKEN
MOLN

68 - Zoogdieren

D	Y	Z	P	X	N	V	I	K	F	C	E	G	D	E	C
P	M	J	O	T	W	B	E	G	T	G	D	M	J	L	G
C	T	M	A	J	A	B	S	E	O	V	V	V	X	E	T
H	I	L	H	L	M	O	I	T	R	Y	G	A	O	F	I
Ä	B	A	K	U	B	K	U	T	Ä	V	R	R	G	A	Y
S	M	T	G	B	O	A	P	A	V	H	A	G	O	N	Z
T	V	L	D	D	J	N	H	K	S	F	V	L	R	T	C
G	I	R	A	F	F	I	B	X	D	S	E	E	I	F	J
E	H	S	N	H	R	N	Z	Ä	F	A	I	M	L	L	E
A	O	Y	S	X	K	G	N	N	V	I	R	A	L	D	R
L	C	L	Å	F	I	M	S	T	O	E	Ä	K	A	V	C
I	V	V	E	K	Ä	N	G	U	R	U	R	T	F	X	V
M	D	P	V	J	W	P	H	W	T	F	P	B	D	U	H
V	G	K	C	S	O	C	W	N	J	V	N	D	E	H	Z
Y	S	J	O	R	D	N	U	H	U	S	V	K	S	E	M
L	Z	T	V	B	X	D	Z	B	R	D	E	L	F	I	N

APA
BÄVER
PRÄRIEVARG
DELFIN
ÅSNA
GET
GIRAFF
GORILLA
HUND
KAMEL
KÄNGURU
KATT
KANIN
LEJON
ELEFANT
HÄST
TJUR
RÄV
VAL
VARG

69 - Overheid

W	A	L	D	I	S	T	R	I	K	T	S	K	L	R	M
K	S	L	U	C	C	A	F	A	L	J	C	O	W	Ä	E
J	Y	E	T	W	Z	F	S	T	A	T	B	N	G	T	D
G	M	N	I	T	A	R	K	O	M	E	D	S	X	T	B
A	B	O	G	G	G	I	E	Z	O	V	Z	T	C	S	O
N	O	I	T	A	N	H	L	J	Z	X	D	I	I	L	R
F	L	T	K	L	A	E	X	W	X	T	Y	T	V	I	G
U	G	A	S	I	V	T	T	Ä	R	O	B	U	I	G	A
L	L	N	T	K	P	C	R	E	E	D	V	T	L	M	R
D	E	C	F	S	P	H	K	X	B	N	Z	I	U	O	S
N	G	D	J	Ä	M	L	I	K	H	E	T	O	I	N	K
A	Z	K	A	J	D	M	T	Z	E	A	L	N	D	U	A
C	B	X	B	R	E	H	I	J	M	P	K	U	N	M	P
M	F	N	C	E	E	G	L	H	W	M	E	Z	M	E	M
N	H	L	C	E	M	E	O	W	K	T	O	A	A	N	V
G	T	K	T	K	E	S	P	O	I	V	K	J	U	T	D

MEDBORGARSKAP
CIVIL
DEMOKRATI
JÄMLIKHET
RÄTTSLIG
RÄTTVISA
KONSTITUTION
LEDARE
MONUMENT
NATION
NATIONELL
POLITIK
STAT
SYMBOL
TAL
FRIHET
LAG
DISTRIKT

70 - Voertuigen

C	M	O	T	O	R	Y	Y	Y	L	X	O	J	I	E	F
D	Y	S	A	M	M	V	L	U	Y	N	B	C	B	G	L
D	U	K	V	W	S	D	L	I	B	T	S	A	L	G	Y
J	Y	V	E	H	X	L	W	W	G	Å	T	D	F	O	G
Z	C	W	T	L	O	I	K	X	T	A	T	X	V	S	P
B	Z	H	T	V	H	N	T	R	Y	M	V	V	B	H	L
B	L	N	O	H	R	L	V	B	P	B	J	Y	P	R	A
G	I	J	L	R	A	K	E	T	B	U	I	T	H	B	N
C	V	L	F	V	C	W	L	V	F	L	Y	K	J	F	J
R	E	T	P	O	K	I	L	E	H	A	J	R	Ä	F	B
O	D	H	I	J	D	G	R	L	R	N	E	B	Z	A	Å
T	A	X	I	V	J	K	F	N	P	S	O	U	B	R	T
K	R	M	R	I	H	U	R	N	G	A	V	S	U	H	D
A	T	U	N	N	E	L	B	A	N	A	S	S	U	C	Ä
R	E	T	O	K	S	W	M	S	Y	Z	F	Z	F	B	C
T	A	A	O	W	E	E	U	Y	T	W	H	J	W	Z	K

AMBULANS
BIL
DÄCK
BÅT
BUSS
HUSVAGN
CYKEL
HELIKOPTER
TUNNELBANA
MOTOR
UBÅT
RAKET
SKOTER
TAXI
TRAKTOR
TÅG
FÄRJA
FLYGPLAN
FLOTTE
LASTBIL

71 - Geografie

M	H	T	F	N	I	P	Y	G	H	H	N	R	M	U	D
I	R	X	B	W	U	I	A	K	M	A	O	Y	O	B	W
X	K	G	Z	F	P	S	B	N	L	L	R	J	O	O	B
K	P	I	O	M	R	U	P	U	H	V	R	S	F	T	M
G	U	B	F	G	N	K	K	N	T	K	D	L	H	W	R
T	V	Z	V	A	G	Z	A	B	I	L	I	H	C	I	H
C	Y	N	A	F	L	O	D	R	E	O	C	H	C	S	S
L	A	N	D	N	S	T	A	D	T	T	W	A	I	Ö	P
G	F	B	C	A	F	T	U	R	P	A	C	V	F	D	S
T	N	E	N	I	T	N	O	K	G	S	B	V	P	E	J
L	H	Ö	J	D	A	R	G	D	D	E	R	B	Ä	R	S
I	V	E	S	I	L	O	M	R	Å	D	E	I	V	S	I
L	C	B	V	R	D	R	O	T	A	V	K	E	E	U	T
U	F	G	R	E	B	O	Ä	A	T	L	A	S	C	R	H
K	L	O	U	M	E	F	P	V	W	G	D	Z	D	Y	N
W	V	V	K	D	K	R	L	O	N	G	I	T	U	D	G

ATLAS
BERG
BREDDGRAD
KONTINENT
EKVATOR
HALVKLOT
HÖJD
KARTA
LAND
LONGITUD
MERIDIAN
NORR
OMRÅDE
FLOD
STAD
VÄRLD
VÄST
HAV
SÖDER

72 - Kunstbenodigdheden

P	A	P	P	E	R	A	H	U	K	I	H	X	R	Z	U
H	R	R	J	B	K	I	M	I	N	N	M	M	Z	J	V
C	E	M	E	D	F	V	U	B	C	P	N	R	P	I	A
K	M	J	I	L	B	A	K	R	Y	L	W	M	E	F	T
B	A	J	L	O	T	S	A	J	C	E	W	O	N	X	T
N	K	J	F	M	E	B	O	R	S	T	A	R	N	T	E
O	A	K	F	I	T	B	O	S	J	F	X	L	O	A	N
L	C	S	A	M	I	L	O	K	Ä	R	T	I	R	B	P
E	Y	K	T	M	V	Ä	F	Ä	R	G	E	R	S	E	G
G	K	B	S	U	I	C	S	F	Ä	R	G	F	N	L	B
H	K	P	L	G	T	K	N	T	I	D	É	E	R	L	W
M	D	K	F	D	A	R	T	M	O	V	W	P	R	Z	A
P	R	F	Z	D	E	A	K	J	C	L	Z	M	E	K	N
B	K	K	B	U	R	M	V	C	B	Z	A	T	B	J	U
J	G	R	K	S	K	F	O	F	K	E	Y	I	M	F	L
B	P	E	A	K	V	A	R	E	L	L	E	R	U	D	K

AKRYL
AKVARELLER
BORSTAR
KAMERA
KREATIVITET
STAFFLI
SUDDGUMMI
TRÄKOL
IDÉER
BLÄCK
LERA
FÄRGER
LIM
OLJA
PAPPER
PENNOR
STOL
TABELL
FÄRG
VATTEN

73 - Barbecues

W	S	K	S	L	I	Z	G	P	X	D	Z	G	G	J	K
V	Å	O	I	F	M	G	J	M	G	F	F	U	R	E	P
H	S	D	M	R	A	V	K	G	I	R	L	S	Ö	Y	B
H	D	U	L	M	D	C	T	L	P	V	A	N	N	R	R
R	A	U	L	Ö	A	S	J	I	D	R	Z	X	S	Z	F
Z	O	O	I	I	K	R	A	L	F	F	A	G	A	O	W
K	H	H	R	C	G	I	H	K	I	S	U	M	K	O	S
V	T	C	G	A	G	P	U	Z	M	M	N	F	E	V	W
A	K	N	I	V	A	R	N	T	S	N	A	P	R	X	D
A	U	U	R	J	D	E	G	F	S	E	D	F	E	S	R
M	R	L	D	D	D	D	E	V	Z	X	U	V	T	A	P
C	F	E	N	T	I	A	R	E	D	L	J	E	A	J	L
Y	B	V	J	G	M	L	T	H	H	U	B	B	M	H	V
N	F	S	K	G	T	L	A	S	J	R	N	C	O	T	X
K	C	T	T	R	R	A	P	P	E	P	I	R	T	O	Z
K	N	U	S	L	J	S	K	Y	C	K	L	I	N	G	T

MIDDAG
FAMILJ
FRUKT
GRILL
GRÖNSAKER
VARM
HUNGER
KYCKLING
LUNCH
KNIVAR

MUSIK
PEPPAR
SALLADER
SÅS
TOMATER
LÖK
INBJUDAN
GAFFLAR
SOMMAR
SALT

74 - Schoonheid

C	K	I	M	W	N	X	P	K	M	X	T	O	D	J	S
L	O	D	O	F	T	S	R	E	T	S	N	Ä	J	T	M
E	S	E	Å	P	S	P	O	L	F	E	W	U	L	O	A
L	M	L	F	N	T	E	D	O	I	Y	C	W	O	S	S
E	E	E	F	S	Y	G	U	C	T	F	Ä	R	G	C	C
G	T	G	O	M	L	E	K	K	S	E	S	A	X	H	A
A	I	A	T	I	I	L	T	A	P	X	H	S	S	A	R
N	K	N	O	N	S	M	E	R	P	G	I	P	L	M	A
S	A	T	G	K	T	F	R	V	Ä	V	E	G	X	P	I
R	V	W	E	Y	Z	S	I	A	L	H	R	A	J	O	H
E	N	V	N	A	I	D	D	U	H	J	H	P	R	J	G
L	E	T	I	W	R	I	A	D	W	C	F	V	J	M	T
X	L	B	S	A	I	D	B	F	T	M	G	V	A	L	B
P	U	W	K	G	D	C	J	H	V	K	M	A	V	D	F
V	R	B	K	B	T	O	P	P	E	J	A	T	U	D	M
T	P	X	F	O	V	M	O	X	T	V	D	W	U	H	H

CHARM
KOSMETIKA
TJÄNSTER
ELEGANT
ELEGANS
FOTOGENISK
NÅD
DOFT
SLÄT
HUD
FÄRG
LOCKAR
LÄPPSTIFT
MASCARA
PRODUKTER
SAX
SCHAMPO
SPEGEL
STYLIST
SMINK

75 - Wetenschappelijke Discip

S	M	E	T	E	O	R	O	L	O	G	I	R	O	N	Y
U	O	R	K	A	R	K	E	O	L	O	G	I	B	E	X
W	S	C	K	Y	A	M	P	A	Z	E	O	A	N	U	O
L	G	N	I	G	O	L	O	I	B	E	L	J	Ä	R	O
I	M	O	N	O	R	T	S	A	F	I	O	P	R	O	L
T	Y	Z	A	G	L	H	K	Z	V	G	E	S	I	L	B
H	D	N	K	N	G	O	T	A	G	O	G	Y	N	O	I
U	N	X	E	T	A	P	G	B	M	L	S	K	G	G	G
O	D	H	M	D	T	T	K	I	N	A	T	O	B	I	O
K	I	N	K	E	T	T	O	B	O	R	D	L	V	A	L
U	E	N	S	W	K	V	N	M	W	E	P	O	V	M	O
G	L	M	F	N	S	N	Z	N	I	N	P	G	Z	D	N
P	G	S	I	E	K	O	L	O	G	I	P	I	F	Z	U
B	I	O	K	E	M	I	D	G	K	M	V	M	D	S	M
T	E	R	M	O	D	Y	N	A	M	I	K	K	H	K	M
N	L	W	X	O	I	N	F	Y	S	I	O	L	O	G	I

ANATOMI
ARKEOLOGI
ASTRONOMI
BIOKEMI
BIOLOGI
KEMI
EKOLOGI
FYSIOLOGI
GEOLOGI
IMMUNOLOGI
MEKANIK
METEOROLOGI
MINERALOGI
NEUROLOGI
BOTANIK
PSYKOLOGI
ROBOTTEKNIK
SOCIOLOGI
TERMODYNAMIK
NÄRING

76 - Bijvoeglijke Naamwoorden

P	T	K	L	T	U	M	S	B	H	U	D	C	H	K	I
R	G	R	S	K	K	F	T	M	Y	O	R	M	K	X	N
O	C	E	Ö	S	V	K	A	F	J	D	A	W	V	T	T
D	T	T	E	T	M	B	R	K	X	Z	M	R	G	P	R
U	M	T	O	K	T	E	K	X	F	F	A	P	F	I	E
K	B	E	G	Å	V	A	D	V	G	X	T	C	T	L	S
T	Y	K	J	D	Y	P	R	Z	X	M	I	S	U	Y	S
I	N	S	K	R	Y	Z	H	G	W	N	S	Y	Y	P	A
V	U	G	S	K	R	E	A	T	I	V	K	R	Z	Z	N
U	G	G	I	R	A	V	S	N	A	R	W	E	K	G	T
B	U	G	T	L	O	T	S	J	M	I	N	D	A	U	R
C	S	J	N	E	R	F	R	I	S	K	A	D	Z	O	B
L	H	D	E	I	U	U	V	N	O	R	M	A	L	K	X
S	A	L	T	N	Y	D	T	H	U	N	G	R	I	G	A
K	X	I	U	T	E	D	N	A	V	I	R	K	S	E	B
X	L	V	A	M	I	J	K	D	N	S	Ö	M	N	I	G

AUTENTISK
BEGÅVAD
BESKRIVANDE
KREATIV
DRAMATISK
FRISKA
HUNGRIG
INTRESSANT
TRÖTT
NATURLIG
NY
NORMAL
PRODUKTIV
SÖMNIG
STARK
STOLT
ANSVARIG
VILD
SALT
REN

77 - Kleding

G	F	A	T	X	L	K	B	M	H	F	U	N	U	P	T
A	R	M	B	A	N	D	L	T	A	Ö	O	Z	Z	Ä	K
H	A	P	L	K	C	K	U	M	L	R	E	F	J	L	D
P	B	L	U	C	M	Y	S	G	S	K	B	I	J	S	Y
S	Y	B	P	A	O	S	K	O	B	L	Z	Ä	K	V	U
R	T	J	V	J	D	J	O	N	A	Ä	Y	G	L	L	R
Z	T	R	A	O	E	A	X	V	N	D	D	B	O	T	Y
E	A	Y	U	M	H	F	I	S	D	E	Z	B	J	W	E
K	H	A	E	M	A	T	R	Ö	J	A	J	D	K	B	K
W	V	X	O	Y	P	S	S	G	E	X	I	K	E	Y	L
X	I	N	M	D	P	O	H	A	L	S	D	U	K	X	Ä
W	G	J	I	L	E	M	R	F	O	T	G	U	N	O	N
G	B	N	U	X	A	S	A	N	D	A	L	E	R	R	N
S	K	J	O	R	T	A	H	A	N	D	S	K	A	R	I
N	L	I	R	W	K	N	D	Z	B	O	M	B	H	B	N
C	P	U	U	H	F	H	C	O	P	U	A	J	F	H	G

ARMBAND
BLUS
BYXOR
HANDSKAR
HATT
PÄLS
JACKA
KLÄNNING
HALSBAND
MODE
PYJAMAS
BÄLTE
KJOL
SANDALER
SKO
FÖRKLÄDE
SKJORTA
HALSDUK
STRUMPOR
TRÖJA

78 - Vliegtuigen

X	H	Z	P	H	B	E	S	Ä	T	T	N	I	N	G	I
M	W	O	A	H	I	I	L	W	I	W	G	I	E	R	M
I	B	J	S	X	Ö	S	E	J	W	H	E	S	R	W	E
M	R	X	S	B	I	J	T	R	I	K	T	N	I	N	G
O	Ä	R	A	B	W	D	D	O	N	I	Ä	O	X	N	N
T	F	N	G	T	Y	S	X	F	R	G	V	N	L	O	N
O	S	N	E	L	U	B	R	U	T	I	G	T	E	I	U
R	O	H	R	Z	W	L	Y	J	W	F	A	J	M	T	P
H	M	B	A	O	Z	U	T	M	W	D	J	V	M	K	B
T	T	A	R	I	M	M	N	N	J	P	V	T	I	U	B
X	A	L	E	V	A	R	E	G	I	V	A	N	H	R	R
K	F	L	O	J	X	F	V	D	T	J	M	U	N	T	Ä
D	I	O	Y	S	V	T	Ä	C	F	X	T	L	E	S	N
B	P	N	G	I	S	E	D	W	U	D	V	D	E	N	S
P	D	G	N	I	N	D	N	A	L	Y	J	D	G	O	L
V	V	K	G	H	Ä	R	K	O	M	S	T	N	W	K	E

HÄRKOMST
ATMOSFÄR
ÄVENTYR
BALLONG
BESÄTTNING
KONSTRUKTION
BRÄNSLE
HISTORIA
HIMMEL
HÖJD
LANDNING
LUFT
MOTOR
NAVIGERA
DESIGN
PASSAGERARE
PILOT
RIKTNING
TURBULENS
VÄTE

79 - Herbalisme

T	T	S	A	F	F	R	A	N	P	W	W	D	K	A	N
U	R	E	O	K	L	Y	S	M	S	K	L	R	W	R	F
O	Ä	K	T	C	J	M	N	W	F	S	Å	A	V	O	Y
R	D	K	S	I	R	A	N	I	L	U	K	G	R	M	I
G	G	Z	A	Y	L	D	I	L	L	D	N	O	O	A	N
A	Å	R	M	O	N	A	G	E	R	O	Ä	N	S	T	G
O	R	D	N	B	C	D	V	J	J	Z	F	J	M	I	R
A	D	D	Ö	C	A	Z	R	K	S	M	A	K	A	S	E
M	E	J	R	A	M	S	G	H	I	J	A	Ö	R	K	D
O	W	W	G	J	M	P	I	R	E	Y	P	L	I	L	I
B	X	L	O	L	O	D	S	L	B	U	C	T	N	U	E
B	W	S	R	I	L	C	F	A	I	Z	W	I	A	W	N
A	G	X	V	S	B	H	C	H	M	K	G	V	J	K	S
A	L	G	K	R	E	X	P	O	B	P	A	O	M	S	C
P	K	A	V	E	L	A	V	E	N	D	E	L	I	H	J
J	R	M	Z	P	P	L	M	W	H	C	M	T	T	N	N

AROMATISK
BASILIKA
BLOMMA
KULINARISK
DILL
DRAGON
GRÖN
INGREDIENS
VITLÖK
KVALITET
LAVENDEL
MEJRAM
OREGANO
PERSILJA
ROSMARIN
SAFFRAN
SMAK
TIMJAN
TRÄDGÅRD
FÄNKÅL

80 - Kracht en Zwaartekracht

E	M	P	I	P	A	X	L	R	E	U	F	M	E	U	I
W	G	K	K	X	P	T	B	R	U	K	R	A	X	N	U
Z	T	E	H	G	I	T	S	A	H	U	I	G	P	I	Y
L	E	E	N	E	A	I	X	I	T	G	K	N	A	V	X
A	N	A	B	S	P	P	O	L	M	O	T	E	N	E	X
A	X	E	L	L	K	Y	F	U	C	J	I	T	S	R	A
S	W	C	M	E	P	A	P	T	P	N	O	I	I	S	H
X	N	K	O	R	D	W	P	R	G	P	N	S	O	E	M
G	P	I	F	Ö	G	A	G	E	T	W	T	M	N	L	A
C	E	N	T	R	U	M	V	Y	R	F	V	Ä	A	L	R
H	R	A	K	I	S	Y	F	S	J	O	H	V	C	X	L
D	S	K	E	T	R	Y	C	K	T	M	I	I	X	K	H
C	R	E	F	N	D	R	G	R	S	Å	V	K	Y	I	T
S	I	M	F	X	M	C	G	B	Z	P	N	T	K	N	Y
K	J	R	E	F	K	S	I	M	A	N	Y	D	I	T	J
P	L	A	N	E	T	E	R	J	X	A	R	S	Z	X	H

AVSTÅND
AXEL
OMLOPPSBANA
RÖRELSE
CENTRUM
TRYCK
DYNAMISK
EGENSKAPER
VIKT
EFFEKT
MAGNETISM
MEKANIK
FYSIK
UPPTÄCKT
PLANETER
HASTIGHET
TID
EXPANSION
UNIVERSELL
FRIKTION

81 - Rijden

K	V	S	K	O	Z	A	A	V	T	K	C	R	M	S	M
S	V	Ä	J	L	E	N	N	U	T	R	A	D	W	C	O
N	J	K	W	Y	F	F	F	A	R	A	A	T	R	U	T
X	D	E	S	C	O	L	K	E	J	A	K	F	J	P	O
L	Y	R	K	K	R	N	W	V	K	T	I	J	I	M	R
I	D	H	F	A	X	D	Y	T	S	G	X	D	V	K	C
B	M	E	D	B	B	F	H	P	G	J	W	U	F	N	Y
T	R	T	M	M	F	L	R	K	N	B	I	E	K	I	K
S	M	O	U	D	P	F	R	F	Y	O	B	O	B	Z	E
A	O	L	M	T	E	H	G	I	T	S	A	H	I	C	L
L	T	S	D	S	G	Ä	V	J	B	A	N	P	L	B	W
H	O	E	F	I	A	B	R	Ä	N	S	L	E	H	Z	W
U	R	V	R	L	R	R	V	M	L	G	D	O	C	W	A
U	M	P	Z	O	A	U	L	D	P	A	Z	N	Y	I	H
F	A	I	X	P	G	G	A	T	A	S	P	V	P	P	L
J	F	O	T	G	Ä	N	G	A	R	E	K	A	R	T	A

BIL
BRÄNSLE
GARAGE
GAS
FARA
KARTA
LICENS
MOTOR
MOTORCYKEL
OLYCKA
POLIS
BROMSAR
HASTIGHET
GATA
TUNNEL
SÄKERHET
TRAFIK
FOTGÄNGARE
LASTBIL
VÄG

82 - Wetenschap

L	F	V	Z	F	S	E	V	H	Y	O	N	A	B	C	G
H	A	I	N	L	U	K	X	C	Y	G	O	A	Y	J	I
M	K	F	O	S	S	I	L	P	I	V	O	U	T	V	W
I	T	Z	I	F	I	X	F	O	E	T	M	N	U	U	H
N	U	W	T	G	Y	X	I	U	C	R	S	O	W	Z	R
E	M	A	U	E	K	S	I	M	E	K	I	J	L	F	K
R	X	C	L	V	R	E	I	R	A	B	N	M	K	S	K
A	J	T	O	D	X	T	P	K	D	A	A	P	E	G	E
L	O	Y	V	A	Z	O	T	O	Z	T	G	A	X	N	P
E	V	X	E	O	Z	P	A	C	M	O	R	R	D	U	T
R	D	A	T	A	O	Y	M	D	Z	M	O	T	Y	N	R
M	P	M	M	T	T	H	I	I	E	T	S	I	H	O	H
X	R	E	L	Y	K	E	L	O	M	J	K	K	Z	H	C
F	T	T	F	O	R	S	K	A	R	E	X	L	U	M	F
U	N	O	I	T	A	V	R	E	S	B	O	A	G	S	J
T	U	D	A	L	L	V	A	R	F	D	U	R	P	S	L

ATOM
KEMISK
PARTIKLAR
EVOLUTION
EXPERIMENT
FAKTUM
FOSSIL
DATA
HYPOTES
KLIMAT
METOD
MINERALER
MOLEKYLER
NATUR
FYSIK
OBSERVATION
ORGANISM
FORSKARE
ALLVAR

83 - Natuurkunde

A	C	C	E	L	E	R	A	T	I	O	N	K	T	U	E
F	A	L	L	V	A	R	G	L	J	M	Y	E	E	P	J
O	F	O	F	R	G	P	I	M	D	N	Y	M	T	A	K
X	A	H	V	S	D	N	V	T	Y	N	P	I	I	H	Y
P	N	L	K	S	A	N	P	R	X	M	C	S	V	A	E
A	C	L	Z	T	X	O	O	H	A	Y	E	K	I	S	X
K	L	E	K	I	T	R	A	P	D	S	F	C	T	T	P
A	E	S	T	M	U	T	P	S	M	A	S	S	A	I	E
O	M	R	H	L	Y	K	E	L	O	M	A	Y	L	G	R
S	R	E	C	I	H	E	I	W	T	J	G	E	E	H	I
Z	O	V	N	S	D	L	E	N	A	D	O	R	R	E	M
Z	F	I	L	G	H	E	G	F	A	Y	R	I	N	T	E
O	S	N	E	V	K	E	R	F	J	K	U	R	B	D	N
T	M	U	U	M	O	T	O	R	N	O	E	I	G	I	T
T	M	A	G	N	E	T	I	S	M	S	D	M	F	P	L
D	E	N	S	I	T	E	T	P	A	X	O	V	L	N	X

ATOM
KAOS
KEMISK
PARTIKEL
DENSITET
ELEKTRON
EXPERIMENT
FORMEL
FREKVENS
GAS
MAGNETISM
MASSA
MEKANIK
MOLEKYL
MOTOR
RELATIVITET
HASTIGHET
UNIVERSELL
ACCELERATION
ALLVAR

84 - Muziekinstrumenten

O	G	T	V	T	M	U	H	L	X	F	K	D	O	A	F
W	H	T	P	H	U	V	W	S	B	E	N	K	L	E	C
G	K	X	F	S	L	U	P	I	J	E	N	K	J	F	I
T	O	L	K	E	S	S	B	O	O	S	J	Z	E	I	F
R	L	N	O	B	M	O	R	T	N	L	N	K	R	R	W
U	L	I	G	L	P	J	W	B	I	A	M	M	U	R	T
M	E	L	E	P	S	N	U	M	G	G	I	Z	V	R	T
P	C	O	V	N	Z	A	F	M	G	V	I	P	E	A	O
E	W	D	S	I	S	B	M	U	T	E	F	L	D	T	G
T	M	N	T	R	T	T	E	N	I	R	A	L	K	I	A
B	P	A	L	U	H	A	R	P	A	K	H	V	Ö	G	F
Z	T	M	O	B	O	E	S	A	X	O	F	O	N	J	C
M	A	R	I	M	B	A	O	G	N	N	F	G	D	F	T
C	N	G	F	A	J	V	G	D	T	Y	F	U	R	I	F
Y	W	U	B	T	S	R	K	R	W	E	X	P	D	A	J
X	P	I	K	L	D	B	E	U	I	L	V	C	F	D	I

BANJO
CELLO
FAGOTT
FLÖJT
GITARR
GONG
HARPA
OBOE
KLARINETT
MANDOLIN
MARIMBA
MUNSPEL
SLAGVERK
PIANO
SAXOFON
TAMBURIN
TROMBON
TRUMMA
TRUMPET
FIOL

85 - Ethiek

K	S	I	T	A	M	O	L	P	I	D	I	T	M	U	N
V	Ä	N	L	I	G	H	E	T	M	O	N	O	Ä	V	N
B	Ä	R	L	I	G	H	E	T	V	M	D	L	N	N	C
I	N	T	E	G	R	I	T	E	T	A	I	E	S	J	V
R	E	S	P	E	K	T	F	U	L	L	V	R	K	W	Ä
V	G	T	D	D	D	E	T	S	A	Å	I	A	L	Z	R
G	I	M	E	V	V	T	R	J	X	T	D	N	I	V	D
L	N	S	W	B	G	I	L	M	I	R	U	S	G	Ä	I
M	J	Y	D	V	R	L	W	S	A	D	A	L	H	R	G
S	X	L	S	O	T	A	F	I	Z	F	L	D	E	D	H
I	X	N	O	F	M	N	M	L	S	Z	I	X	T	E	E
M	X	I	I	L	F	O	E	A	X	G	S	D	E	N	T
I	F	O	S	O	L	I	F	E	S	A	M	O	N	G	H
T	X	U	G	D	A	T	X	R	C	Y	G	U	O	N	D
P	F	S	N	K	A	A	L	S	N	Ä	K	D	E	M	U
O	A	M	S	I	U	R	T	L	A	X	A	K	X	P	Y

ALTRUISM
DIPLOMATISK
RESPEKTFULL
ÄRLIGHET
FILOSOFI
TÅLAMOD
INDIVIDUALISM
INTEGRITET
MEDKÄNSLA
MÄNSKLIGHETEN
OPTIMISM
RATIONALITET
REALISM
RIMLIG
SAMARBETE
TOLERANS
VÄNLIGHET
VÄRDEN
VÄRDIGHET
VISDOM

86 - Antiek

D	A	B	A	M	Z	G	P	O	L	G	M	E	F	E	K
E	U	O	K	Å	Å	H	H	J	C	C	A	Ö	I	Y	E
K	K	O	I	L	E	R	A	L	M	A	S	M	B	Y	E
O	T	Y	N	N	F	M	H	G	Z	O	M	S	M	E	W
R	I	J	S	I	R	P	R	U	T	S	N	O	K	A	L
A	O	G	E	N	X	N	E	A	N	T	T	N	V	D	L
T	N	Y	M	G	J	D	S	U	A	D	Y	N	Z	N	I
I	B	Z	I	A	J	Z	T	T	G	G	R	Y	K	V	T
V	R	N	A	R	Y	V	A	E	E	A	U	A	M	C	S
O	V	A	N	L	I	G	U	N	L	L	T	R	D	R	D
J	P	K	G	O	O	T	R	T	E	L	P	N	Z	E	P
H	P	H	C	N	K	E	E	I	X	E	L	V	X	A	U
N	K	G	W	T	E	V	R	S	Y	R	U	C	C	K	N
F	S	P	M	V	P	L	I	K	D	I	K	Z	B	L	T
Y	O	H	I	K	G	M	N	F	H	Y	S	W	W	W	U
B	X	E	K	T	E	M	G	K	V	A	L	I	T	E	T

AUTENTISK
SKULPTUR
DEKORATIV
ÅRHUNDRADE
ELEGANT
GALLERI
KONST
KVALITET
MÖBEL
MYNT
OVANLIG
GAMMAL
PRIS
RESTAURERING
MÅLNINGAR
STIL
AUKTION
SAMLARE

87 - Water

B	E	V	A	T	T	N	I	N	G	F	G	K	L	Ö	U
F	N	W	G	E	L	A	N	A	K	L	D	Z	L	V	W
U	K	H	N	H	T	V	R	K	R	O	G	Å	V	E	S
D	D	X	Å	G	S	D	F	R	R	D	S	I	S	R	Z
J	V	L	X	I	B	U	D	O	O	F	F	N	D	S	Y
Z	Z	O	Z	T	G	N	D	U	S	C	H	K	Ö	V	B
R	A	F	U	K	J	S	K	G	M	P	Z	G	B	Ä	S
K	U	S	B	U	T	T	F	U	K	T	G	E	J	M	I
U	N	X	N	F	E	N	D	F	V	D	O	J	S	N	I
S	J	Ö	U	X	V	I	R	E	G	N	R	S	M	I	Y
G	S	G	N	E	U	N	Y	A	R	T	P	E	E	N	B
M	O	N	S	U	N	G	I	T	K	U	F	R	D	G	L
Z	X	K	V	C	F	E	R	S	E	O	S	N	H	S	J
E	L	I	N	V	W	V	B	O	R	I	A	R	A	V	K
D	U	M	T	K	R	Y	W	R	T	C	K	M	V	E	T
E	F	L	R	P	M	C	G	F	E	X	H	D	H	E	G

DUSCH
GEJSER
VÅGOR
IS
BEVATTNING
KANAL
SJÖ
MONSUN
HAV
ORKAN
ÖVERSVÄMNING
REGN
FLOD
SNÖ
ÅNGA
AVDUNSTNING
FUKT
FUKTIG
FUKTIGHET
FROST

88 - Koffie

L	X	S	Y	J	V	C	M	P	U	B	C	U	U	B	F
F	S	V	A	R	T	T	J	P	R	M	L	N	R	I	I
K	O	F	F	E	I	N	Ö	O	T	I	M	D	S	V	L
A	X	T	G	D	Y	E	L	K	H	X	S	J	P	O	T
U	J	R	Y	L	G	T	K	B	B	A	S	I	R	I	E
T	D	U	Y	A	A	T	X	E	W	M	U	W	U	H	R
V	Ä	T	S	K	A	A	E	U	B	U	Ä	P	N	L	N
M	U	H	A	X	Y	V	D	L	N	W	Z	N	G	R	S
N	M	Z	A	X	J	D	D	R	F	L	X	N	G	H	L
A	D	O	W	J	Z	K	Ä	W	Y	A	R	O	M	D	I
F	N	K	F	M	S	M	R	F	T	C	L	G	Z	E	P
L	K	Y	O	F	U	D	G	K	R	Z	K	R	Z	C	A
J	A	D	U	U	R	W	E	Y	I	B	P	O	A	P	K
M	L	F	J	C	L	Y	L	G	E	R	T	M	J	V	R
B	H	B	I	T	T	E	R	R	O	S	T	A	D	T	A
S	O	C	K	E	R	P	L	K	T	R	H	S	M	A	K

AROM
KOPP
BITTER
KOFFEIN
DRYCK
FILTER
ROSTAD
SLIPA
MJÖLK
MORGON
URSPRUNG
PRIS
GRÄDDE
SMAK
SOCKER
MÄNGD
VÄTSKA
VATTEN
SUR
SVART

89 - Boerderij #1

F	K	L	C	R	T	V	Z	X	L	H	A	L	X	K	B
W	Ä	K	R	Å	K	A	S	K	J	W	H	F	X	W	E
D	Z	L	J	O	R	D	B	R	U	K	Z	Ä	B	M	U
H	T	C	T	K	U	A	Z	J	N	U	X	J	S	R	L
O	A	G	E	T	S	P	I	E	Y	L	F	I	R	T	W
N	V	B	G	K	Y	V	C	E	D	U	G	J	X	U	T
U	F	R	Ö	N	Z	S	O	E	W	H	W	X	D	I	W
N	S	U	R	N	I	H	T	N	K	J	K	H	U	N	D
G	N	I	L	K	C	Y	K	Å	S	N	A	P	Y	L	H
E	T	B	E	C	A	P	B	D	A	M	P	Y	G	V	W
A	P	I	Y	O	N	G	Ö	D	S	E	L	Z	S	G	O
V	L	Y	L	L	R	E	J	N	Y	C	Y	D	H	C	X
L	D	U	C	F	K	A	T	T	E	K	A	T	S	K	U
R	I	S	V	K	C	T	Z	T	G	A	N	Z	R	W	T
T	R	Z	D	H	Ö	T	L	C	A	K	A	L	V	O	F
N	K	W	X	L	B	V	B	S	K	V	L	D	F	S	I

BI
ÅSNA
GET
STAKET
HUND
HONUNG
HÖ
KALV
KATT
KYCKLING
KO
KRÅKA
FLOCK
JORDBRUK
GÖDSEL
HÄST
RIS
FÄLT
VATTEN
FRÖN

90 - Huis

W	L	B	Ö	P	P	E	N	S	P	I	S	H	B	R	S
K	M	X	W	C	Y	H	M	N	A	V	F	T	G	G	O
O	V	T	G	X	N	B	D	R	D	Z	Y	O	M	J	V
N	O	H	T	G	H	I	J	E	A	B	X	Z	D	B	R
E	J	W	V	C	E	E	R	F	K	U	T	P	K	J	U
T	G	R	M	A	B	W	F	B	E	L	H	B	A	Ö	M
S	Y	M	K	W	L	K	M	I	B	W	G	V	T	X	K
R	B	D	O	F	A	D	Ö	B	T	M	D	Ö	R	R	I
O	U	R	C	P	M	I	B	L	E	G	E	P	S	K	N
K	M	M	J	B	P	B	E	I	I	A	Z	Y	V	Ä	R
S	T	R	H	N	A	Y	L	O	K	R	V	R	Ä	L	S
M	V	I	N	D	P	U	H	T	V	A	L	V	G	L	Y
B	A	Z	D	N	I	Y	C	E	A	G	P	T	G	A	V
C	P	T	E	K	A	T	S	K	S	E	O	Z	J	R	C
P	W	X	T	H	C	N	U	F	T	K	C	C	L	E	Z
U	S	T	G	A	B	W	D	T	R	Ä	D	G	Å	R	D

KVAST
BIBLIOTEK
TAK
DÖRR
DUSCH
GARAGE
ÖPPEN SPIS
STAKET
RUM
KÄLLARE
KÖK
LAMPA
MÖBEL
VÄGG
SKORSTEN
SOVRUM
SPEGEL
MATTA
TRÄDGÅRD
VIND

91 - Geometrie

S	B	O	B	R	E	T	H	L	E	K	N	I	V	H	S
Y	B	F	I	I	H	Ä	N	L	V	I	X	N	G	O	P
D	K	U	R	V	A	R	K	E	D	M	R	D	B	R	O
H	I	D	A	P	R	L	H	L	M	D	X	C	R	I	L
W	G	K	M	C	A	E	L	L	A	G	D	N	H	S	T
I	O	N	L	J	X	K	N	A	I	D	E	M	D	O	D
I	L	I	A	R	E	N	O	R	Z	D	J	S	K	N	R
C	I	R	K	E	L	I	I	A	P	B	M	B	N	T	E
F	Z	T	I	M	X	V	S	P	G	B	I	R	O	E	T
R	M	E	T	G	N	I	N	K	Ä	R	E	B	I	L	E
C	O	M	R	H	D	L	E	G	N	A	I	R	T	L	M
L	R	M	E	A	Ö	M	M	C	G	N	L	S	A	F	A
W	A	Y	V	B	U	J	I	E	J	R	M	C	V	Y	I
M	A	S	S	A	M	N	D	Y	M	Z	G	V	K	C	D
B	L	M	D	C	J	S	U	O	T	Y	C	R	E	L	Z
K	J	T	F	Z	F	K	E	W	A	A	W	A	Y	C	C

BERÄKNING
CIRKEL
KURVA
DIAMETER
DIMENSION
TRIANGEL
VINKEL
HÖJD
HORISONTELL
LOGIK
VINKELRÄT
MASSA
MEDIAN
YTA
PARALLELL
SEGMENT
SYMMETRI
TEORI
EKVATION
VERTIKAL

92 - Jazz

K	X	K	O	B	E	T	O	N	I	N	G	R	V	T	A
O	B	S	S	R	Ö	T	I	S	O	P	M	O	K	A	H
N	D	T	S	E	K	R	R	M	K	E	I	T	I	L	L
S	Z	F	I	T	C	E	M	G	I	N	V	R	S	A	K
T	T	A	R	I	L	L	S	F	N	Z	L	H	U	N	V
N	W	L	Y	R	U	Å	A	T	K	J	N	J	M	G	J
Ä	M	B	T	O	N	T	P	I	E	W	I	D	W	K	A
R	Y	U	M	V	W	K	P	N	T	R	E	S	N	O	K
L	A	M	M	A	G	S	L	F	B	S	E	B	Y	Ä	U
I	J	L	D	F	T	T	Å	L	H	N	X	H	F	O	K
W	T	E	M	N	C	I	D	U	E	X	X	X	P	C	G
T	R	I	I	S	Y	L	E	E	P	R	O	N	X	T	T
X	F	E	Y	H	H	E	R	N	E	G	D	V	K	Y	B
L	B	R	N	O	I	T	A	S	I	V	O	R	P	M	I
N	N	X	Z	U	R	E	G	E	F	P	C	M	S	C	P
V	J	N	E	M	G	S	F	R	Z	N	X	J	E	K	S

ALBUM
APPLÅDER
KONSTNÄR
KÄND
KOMPOSITÖR
KONSERT
FAVORITER
GENRE
IMPROVISATION
INFLUENSER
LÅT
MUSIK
BETONING
NY
ORKESTER
GAMMAL
RYTM
STIL
TALANG
TEKNIK

93 - Getallen

R	T	G	A	X	N	U	C	A	S	O	I	J	C	O	Z
A	K	R	K	W	H	N	O	T	T	E	R	T	T	R	Z
I	O	Z	A	F	U	C	I	R	L	S	X	F	E	M	M
P	A	H	A	W	Z	D	N	O	T	R	A	W	Z	G	T
X	Z	E	A	F	G	E	C	R	S	T	N	L	R	X	O
T	R	O	F	N	E	S	E	X	T	O	N	T	I	O	L
E	H	L	T	I	B	M	H	F	W	D	G	T	K	A	V
N	O	L	L	T	Z	I	T	D	D	M	X	J	S	B	A
E	F	A	W	T	K	R	Y	O	B	D	L	U	J	Z	D
V	Z	J	R	O	J	J	E	B	N	T	G	G	U	G	B
X	G	D	I	N	O	T	T	U	J	S	R	O	E	T	Z
S	E	J	O	G	S	H	B	A	C	S	Y	E	G	Y	H
T	D	X	A	N	K	O	D	L	A	S	O	Z	I	S	D
V	P	B	S	F	K	B	U	N	D	V	Z	K	J	W	I
Å	H	W	N	O	T	R	O	J	F	Y	R	A	T	T	Å
E	T	T	O	P	Y	L	I	X	K	V	A	S	B	V	F

ÅTTA
ARTON
TRETTON
TRE
ETT
NIO
NITTON
NOLL
TIO
TOLV
TVÅ
TJUGO
FJORTON
FYRA
FEM
FEMTON
SEX
SEXTON
SJU
SJUTTON

94 - Boksen

K	O	B	C	C	M	Å	D	A	T	T	A	M	T	U	R
E	Y	X	X	R	D	T	D	O	B	A	Y	L	N	E	E
S	K	A	D	O	R	E	X	X	M	K	R	O	P	P	P
U	E	K	P	J	I	R	T	A	W	A	N	P	C	Z	A
K	T	R	V	F	Y	H	I	K	T	H	R	W	O	J	Y
O	W	A	L	W	O	Ä	J	C	C	P	W	E	V	Ä	N
F	S	P	P	L	K	M	F	Ä	R	D	I	G	H	E	T
J	T	S	K	D	V	T	E	P	X	D	S	Z	G	P	R
H	Y	E	R	A	D	N	Å	T	S	T	O	M	P	M	K
Ö	R	K	P	W	D	I	A	R	M	B	Å	G	E	Ä	L
R	K	M	I	O	X	N	T	H	G	O	R	T	C	K	O
N	A	C	T	T	Ä	G	H	A	N	D	S	K	A	R	C
Z	Z	B	R	I	X	N	X	S	Y	X	L	Y	E	M	K
A	E	D	G	L	C	B	G	A	S	N	A	B	B	X	A
R	S	D	P	C	T	K	Z	T	J	G	L	W	J	W	V
E	I	Z	N	C	E	V	M	T	J	E	D	X	S	U	N

ARMBÅGE
FOKUS
HANDSKAR
ÅTERHÄMTNING
HÖRN
HAKA
KLOCKA
STYRKA
KROPP
POÄNG

DOMARE
SPARKA
SNABB
MOTSTÅNDARE
REP
UTMATTAD
FÄRDIGHET
KÄMPE
SKADOR
NÄVE

95 - Boerderij #2

D	G	U	E	G	B	T	R	A	K	T	O	R	I	B	N
R	J	J	L	G	C	O	J	G	O	C	T	Å	C	I	V
Å	A	U	B	Y	N	K	N	R	O	K	X	F	Z	K	C
G	S	C	R	H	H	F	S	D	F	B	P	P	D	U	L
D	Ä	P	E	V	E	T	E	R	E	D	R	E	H	P	A
Ä	N	R	A	V	K	R	E	D	Ä	V	P	J	U	A	M
R	G	T	K	U	R	F	J	X	Z	E	D	D	Y	K	M
T	N	T	A	L	A	D	A	W	U	A	T	E	N	N	W
T	I	M	S	V	Ö	S	D	I	E	V	O	B	T	A	J
K	N	R	N	Z	S	J	Y	Z	S	P	V	S	P	W	W
U	T	A	Ö	A	B	A	M	F	N	F	O	F	S	T	W
R	T	S	R	A	K	M	Y	E	H	F	Z	V	U	H	T
F	A	S	G	P	V	K	E	L	Z	F	K	W	M	V	D
G	V	F	O	I	Z	H	I	P	Z	W	Y	Y	B	I	L
Z	E	N	U	I	H	Z	T	C	V	L	A	M	A	S	D
W	B	L	H	Z	S	B	Y	N	U	Y	X	U	C	P	P

BIKUPA
BONDE
FRUKTTRÄDGÅRD
DJUR
ANKA
FRUKT
KORN
GRÖNSAK
HERDE
BEVATTNING

LAMM
LAMA
MAJS
MJÖLK
FÅR
LADA
VETE
TRAKTOR
ÄNG
VÄDERKVARN

96 - Psychologie

L	E	F	C	M	L	Y	A	N	K	T	A	N	K	A	R
B	L	A	D	E	O	Y	E	M	B	Ä	H	D	I	U	T
O	P	L	A	D	R	W	I	Z	F	U	N	P	L	L	A
C	R	S	I	V	A	N	B	Z	D	A	L	S	N	Ä	K
E	O	Z	V	E	P	V	N	U	B	M	J	L	L	A	N
R	B	G	D	T	E	H	G	I	L	K	R	E	V	O	S
F	L	N	E	S	R	E	S	N	E	U	L	F	N	I	R
A	E	I	D	L	S	G	Z	O	I	C	V	Z	Y	R	A
R	M	N	N	Ö	O	T	U	I	B	N	Y	T	X	W	M
E	O	M	E	S	N	B	S	T	H	V	M	R	X	S	M
N	D	Ö	E	X	L	H	X	I	T	V	G	Ä	F	X	Ö
H	N	D	T	K	I	L	F	N	O	K	I	M	N	C	R
E	R	E	E	T	G	R	U	G	F	Y	U	G	O	T	D
T	A	B	B	H	H	R	T	O	T	E	R	A	P	I	U
E	B	H	C	C	E	Z	J	K	K	L	I	N	I	S	K
R	G	N	I	N	T	T	A	F	P	P	U	S	V	I	X

UTNÄMNING
BEDÖMNING
MEDVETSLÖS
KOGNITION
KONFLIKT
DRÖMMAR
EGO
KÄNSLOR
ERFARENHETER
TANKAR
BETEENDE
KÄNSLA
INFLUENSER
BARNDOM
KLINISK
UPPFATTNING
PERSONLIGHET
PROBLEM
VERKLIGHET
TERAPI

97 - Zakelijk

F	I	O	U	O	T	T	A	B	A	R	A	H	N	A	F
F	I	N	A	N	S	O	P	U	K	V	H	Z	S	R	Ö
V	A	M	P	T	O	N	B	D	O	I	P	A	K	B	R
V	X	D	S	E	U	X	O	G	N	N	T	S	A	E	S
U	M	B	P	P	N	L	V	E	T	S	N	O	T	T	Ä
S	S	M	W	C	K	G	A	T	O	T	E	D	T	S	L
D	L	L	Ä	T	S	N	A	V	R	O	I	D	E	G	J
E	K	O	N	O	M	I	G	R	M	V	E	R	R	I	N
H	I	I	A	K	W	K	A	R	R	I	Ä	R	J	V	I
S	T	E	R	Z	A	Y	T	S	M	O	K	N	I	A	N
Y	U	D	H	B	L	I	E	F	A	L	H	E	O	R	G
G	B	N	J	I	A	L	R	A	O	J	E	K	O	E	G
F	U	V	P	C	V	F	Ö	F	V	P	F	O	M	K	N
H	J	Y	F	H	D	L	F	L	A	L	T	S	L	P	X
I	N	V	E	S	T	E	R	I	N	G	T	T	S	G	E
T	R	A	N	S	A	K	T	I	O	N	O	A	T	H	Z

FÖRETAG
BUDGET
SKATTER
KARRIÄR
EKONOMI
FABRIK
FINANS
PENGAR
INKOMST
INVESTERING
KONTOR
RABATT
KOSTA
TRANSAKTION
VALUTA
FÖRSÄLJNING
ARBETSGIVARE
ANSTÄLLD
BUTIK
VINST

98 - Voeding

K	K	N	Ä	R	I	N	G	S	Ä	M	N	E	T	A
B	A	F	H	P	D	J	Z	T	M	J	W	E	V	O	D
C	M	L	H	Z	N	Ä	T	L	I	G	M	N	E	X	B
O	S	B	O	L	G	B	O	Z	N	G	P	A	N	I	V
F	Å	X	H	R	N	A	P	T	I	T	S	J	G	N	I
V	S	R	G	N	I	N	T	L	Ä	M	S	T	A	M	K
K	Ä	E	U	C	N	E	P	H	F	B	V	J	U	B	T
R	V	T	C	J	S	P	R	Ä	R	I	I	K	O	S	T
I	O	A	S	H	Ä	N	U	L	I	T	T	O	W	X	U
B	X	R	L	K	J	W	W	S	S	T	A	J	X	N	Z
X	D	D	B	I	O	J	Z	A	K	E	M	E	Z	H	T
X	W	Y	Z	W	T	R	V	R	A	R	I	K	S	C	L
X	F	H	D	U	X	E	L	J	A	S	N	X	C	F	X
R	O	L	S	B	K	F	T	E	D	D	Y	B	Z	W	Y
X	H	O	P	R	O	T	E	I	N	E	R	N	Y	N	R
E	H	K	B	A	L	A	N	S	E	R	A	D	M	M	J

BITTER
KALORIER
KOST
ÄTLIG
APTIT
PROTEINER
BALANSERAD
JÄSNING
VIKT
FRISKA
HÄLSA
KOLHYDRATER
KVALITET
SÅS
SMAK
MATSMÄLTNING
TOXIN
VITAMIN
VÄTSKOR
NÄRINGSÄMNE

99 - Chemie

R	O	L	K	C	A	X	G	L	X	M	T	O	X	O	S
E	M	R	Ä	V	Ä	T	E	U	F	O	E	R	Y	S	N
A	K	S	T	Ä	V	B	Z	R	E	L	M	G	J	O	N
K	Z	A	M	S	F	T	P	O	Z	E	P	A	O	E	V
T	E	G	C	E	A	T	S	T	S	K	E	N	E	N	I
I	E	M	V	E	T	L	D	A	V	Y	R	I	L	A	K
O	K	Z	P	N	R	A	T	S	L	L	A	S	E	L	T
N	P	O	S	Z	P	C	L	Y	T	F	T	K	K	K	E
F	E	Y	L	Y	A	M	W	L	Y	I	U	A	T	A	S
Z	O	K	U	M	F	P	T	A	E	C	R	H	R	L	Y
D	M	L	T	V	O	S	O	T	M	R	C	H	O	I	R
W	B	B	S	W	L	Y	L	A	S	K	C	G	N	S	A
A	H	C	V	M	F	K	W	K	H	K	O	D	P	K	S
H	A	I	G	H	B	F	L	K	E	K	H	X	Z	R	G
B	G	M	X	F	S	Z	F	M	V	E	M	A	Z	Z	I
E	N	V	X	D	I	D	S	U	N	R	A	T	O	O	I

ALKALISK
KLOR
ELEKTRON
ENZYM
GAS
VIKT
JON
KATALYSATOR
KOL
METALLER
MOLEKYL
ORGANISK
REAKTION
TEMPERATUR
VÄTSKA
VÄRME
VÄTE
SALT
SYRA
SYRE

1 - Metingen

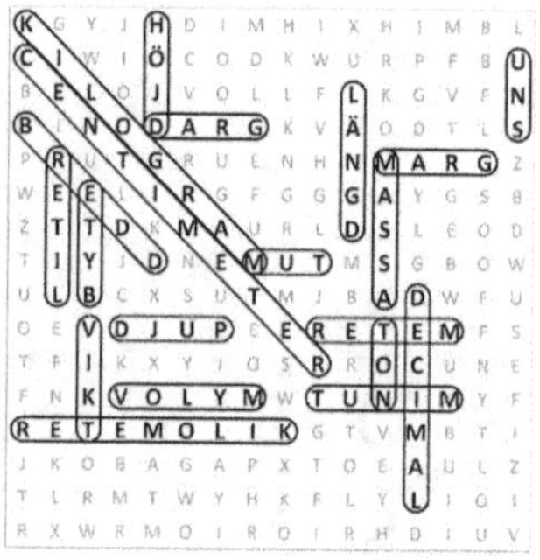

2 - Opwarming van de Aarde

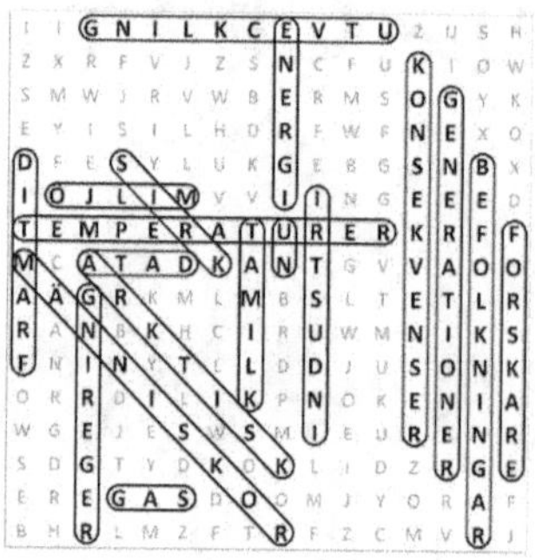

3 - Keuken

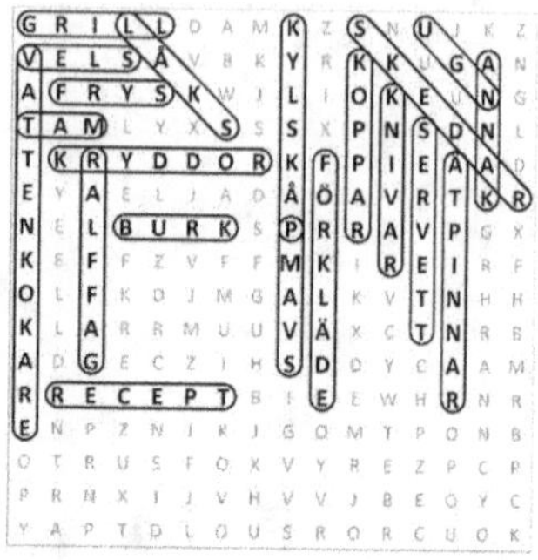

4 - Boten

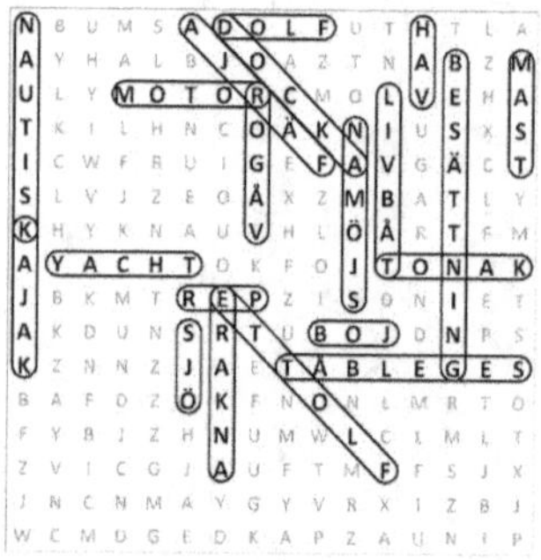

5 - Chocolade

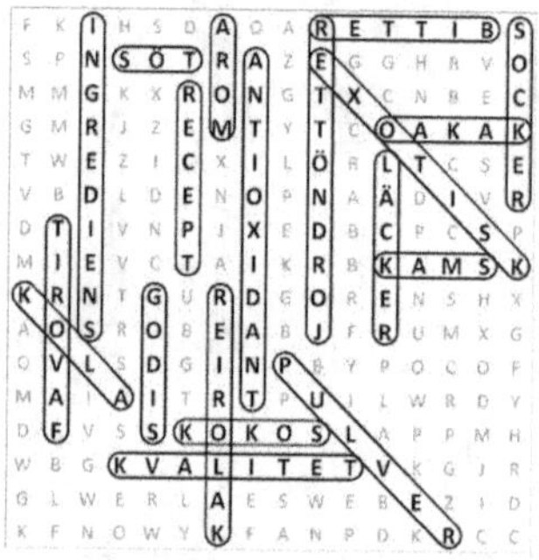

6 - Gezondheid en Welzijn #2

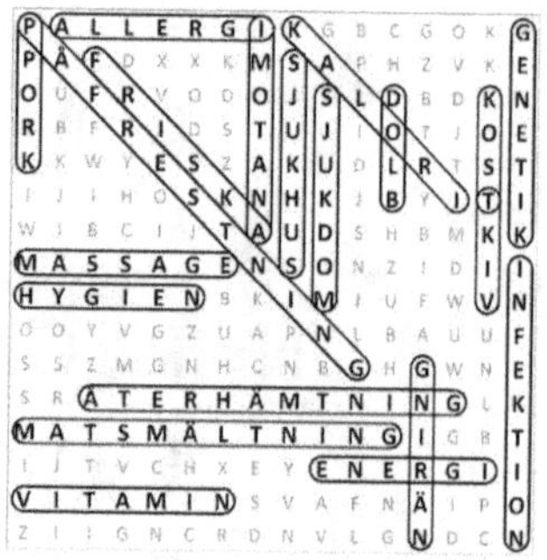

7 - Tijd

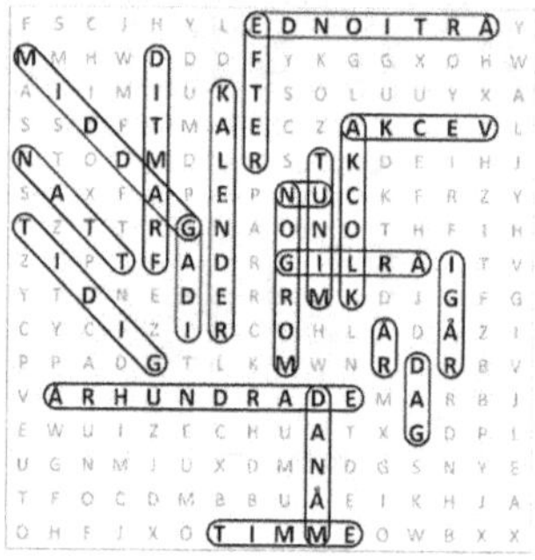

8 - Meditatie

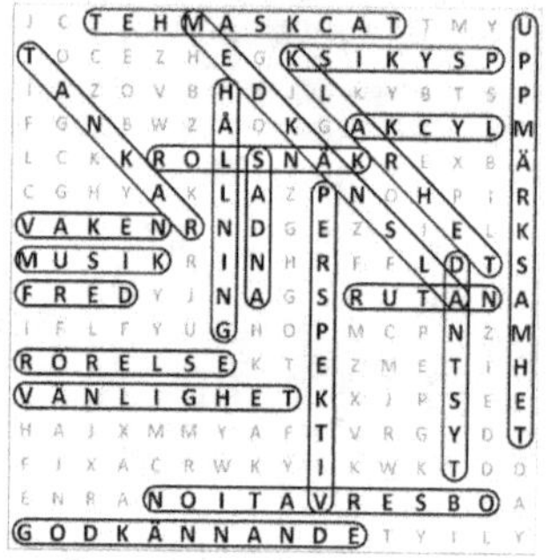

9 - Muziek

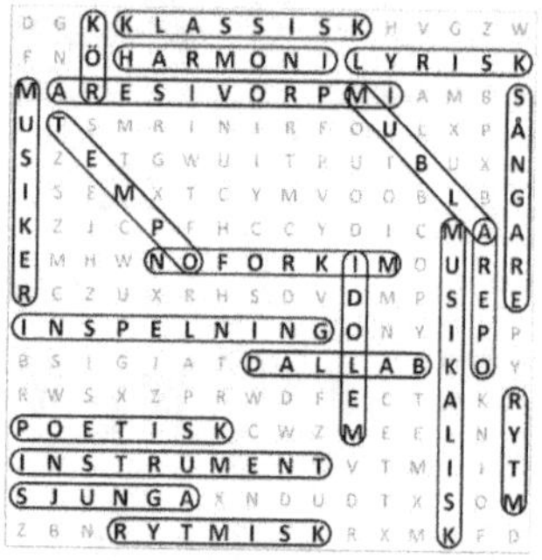

10 - Vogels

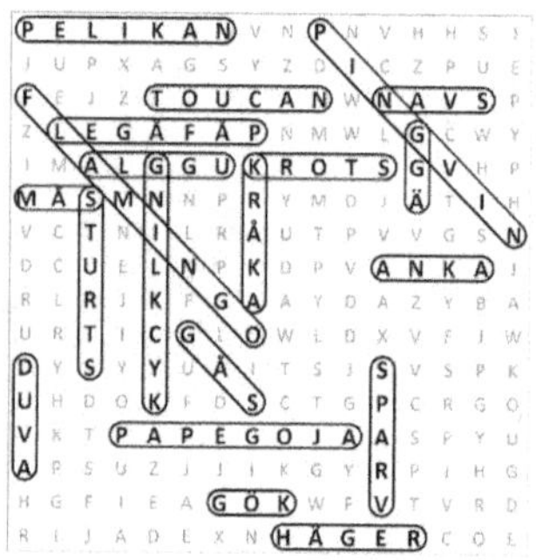

11 - Universum

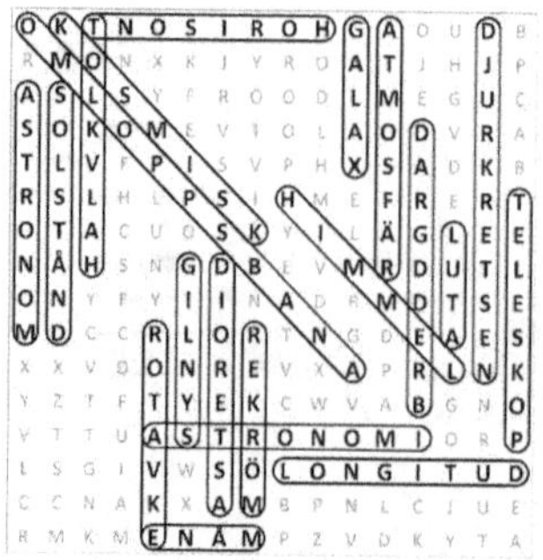

12 - Wiskunde

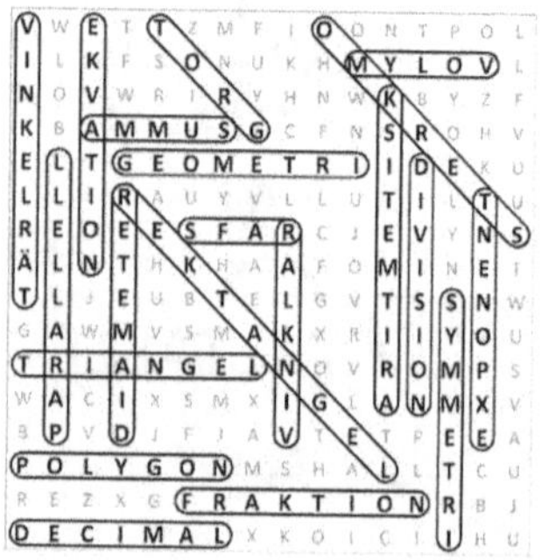

13 - Gezondheid en Welzijn #1

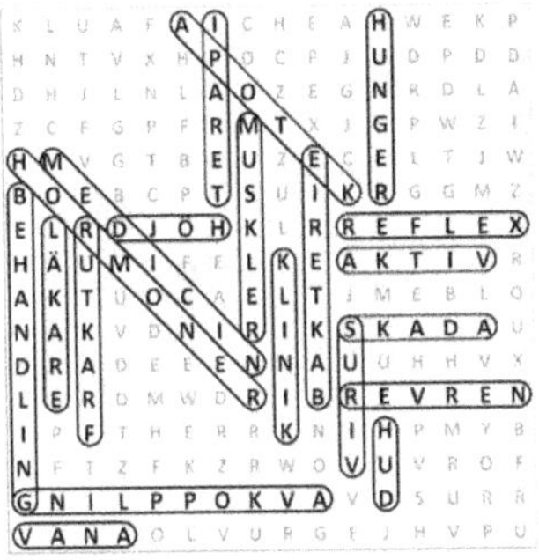

14 - Camping

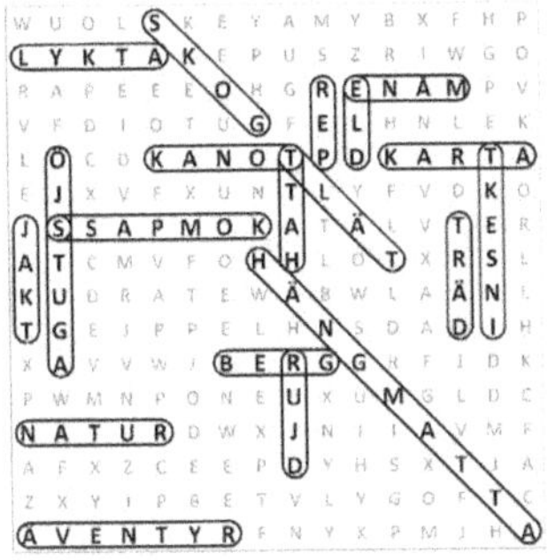

15 - Algebra

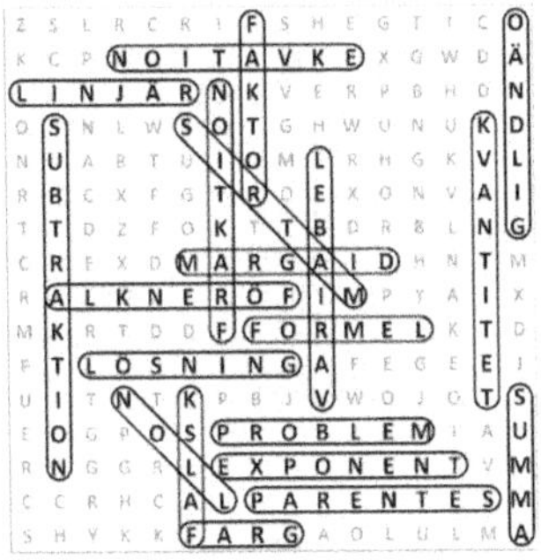

16 - Activiteiten

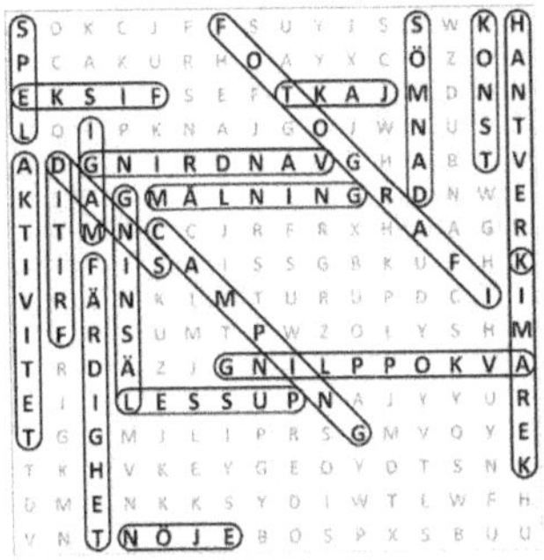

17 - Vormen

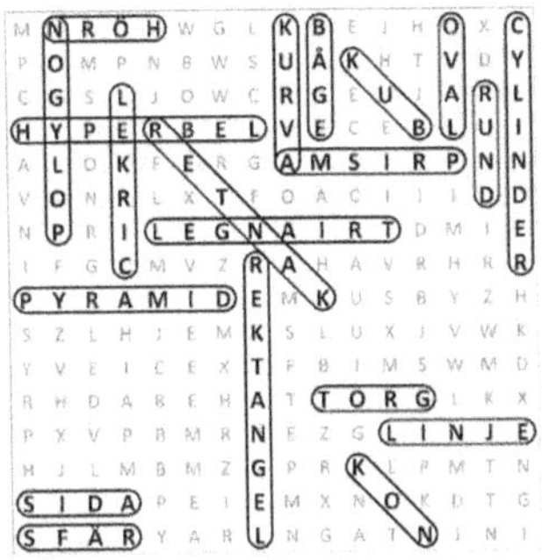

18 - Diplomatie

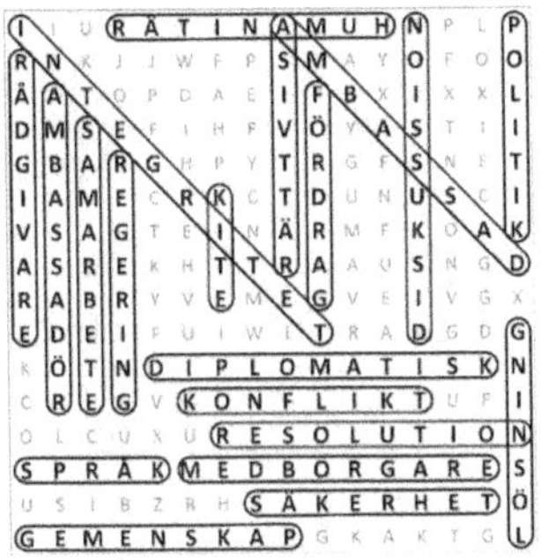

19 - Astronomie

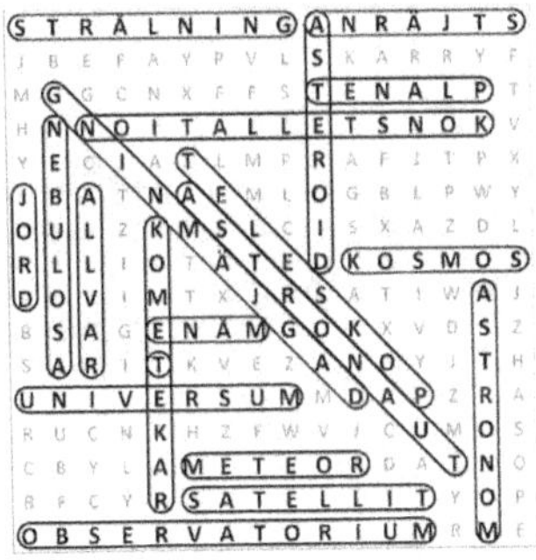

20 - Emoties

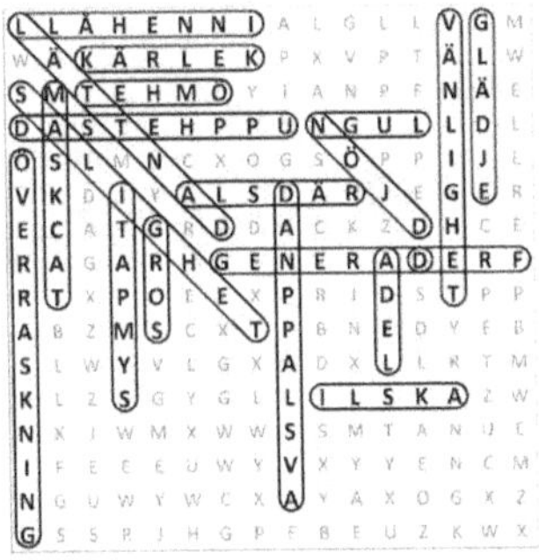

21 - Vakantie #2

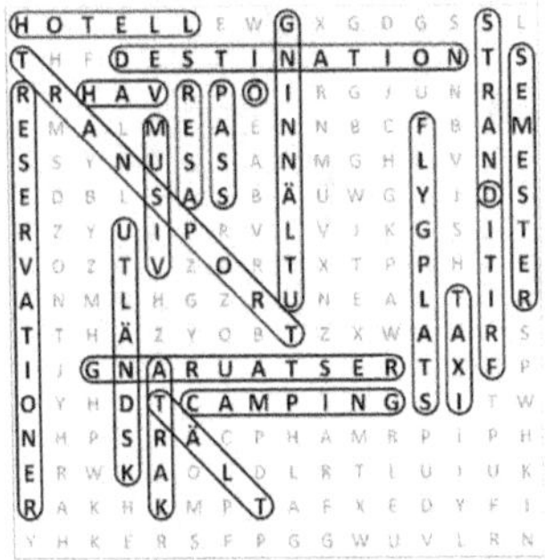

22 - Weersomstandigh

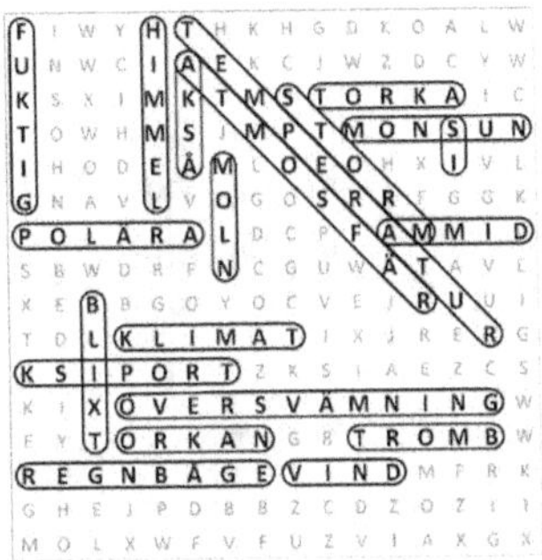

23 - Eten #2

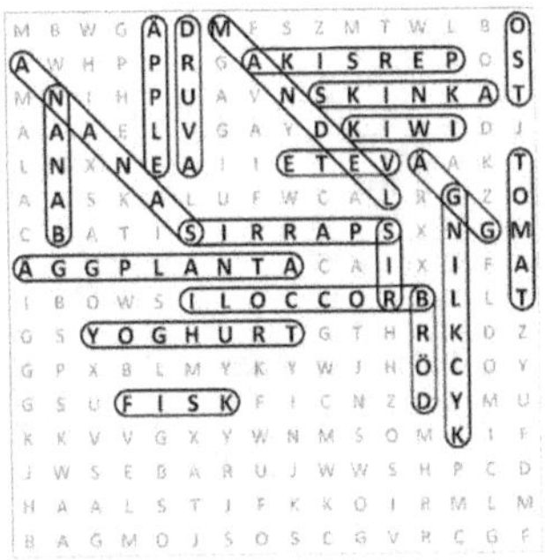

24 - Klimmen

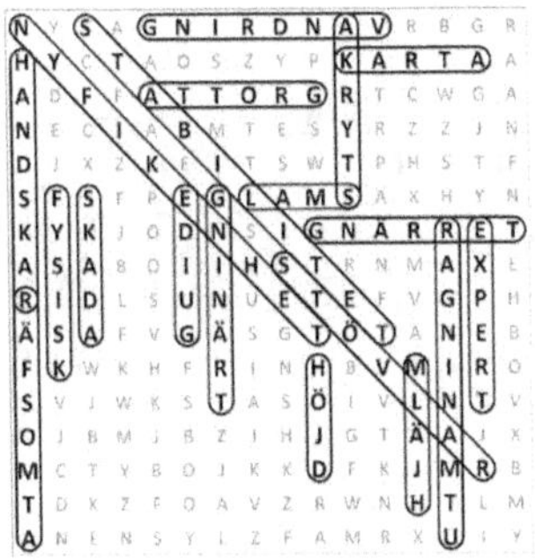

25 - Geologie

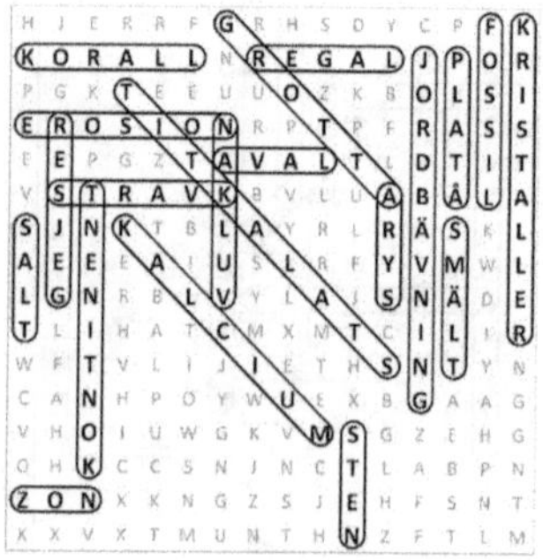

26 - Specerijen

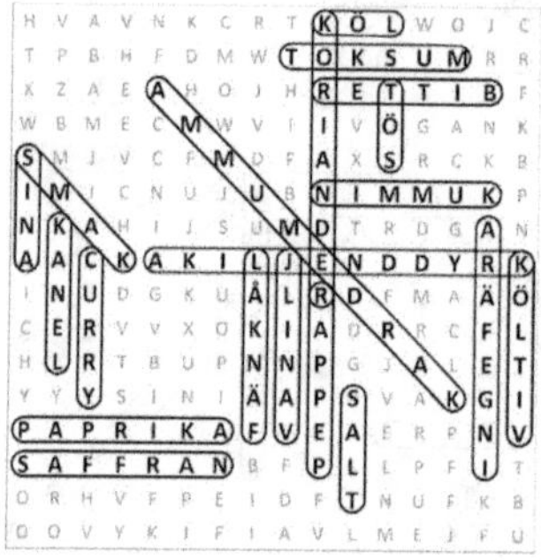

27 - Groenten

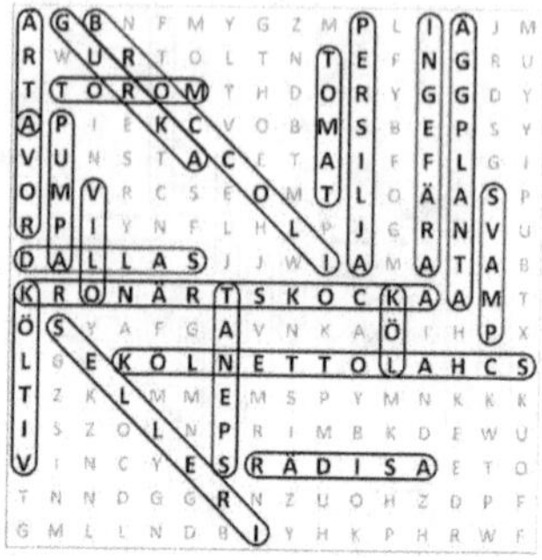

28 - Archeologie

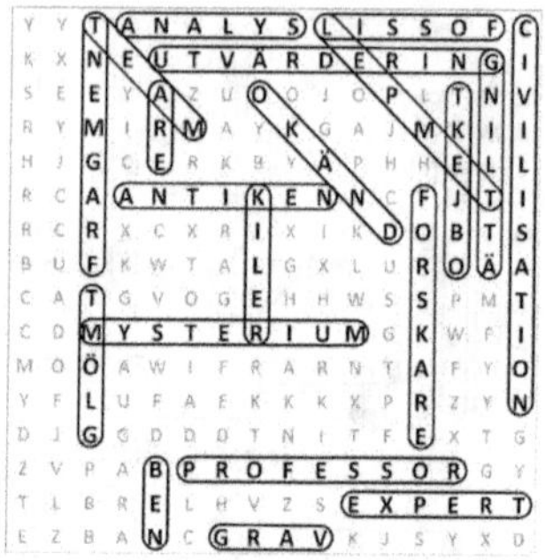

29 - Dans

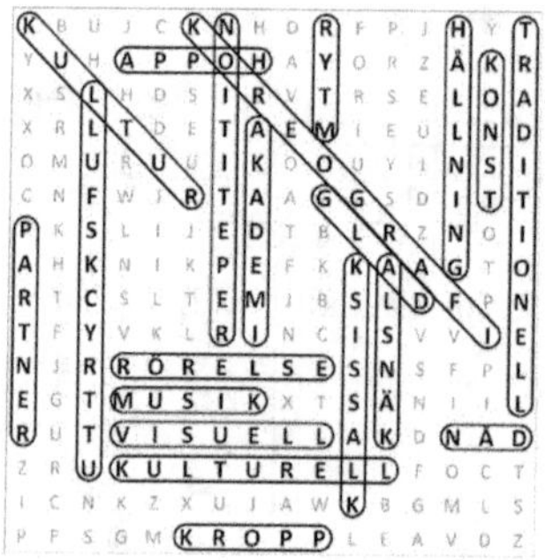

30 - Ziekte

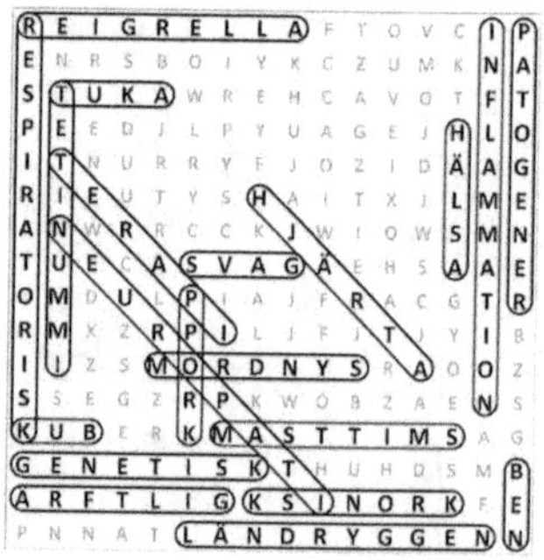

31 - Mythologie

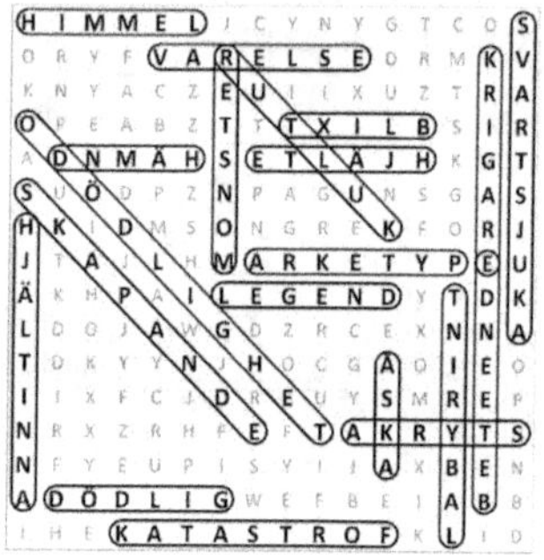

32 - Eten #1

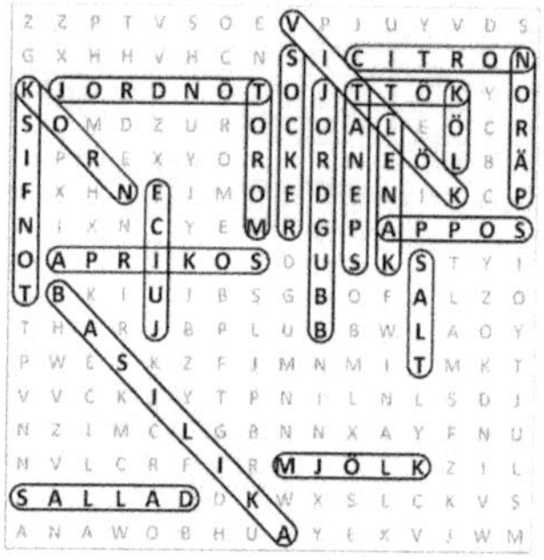

33 - Avontuur

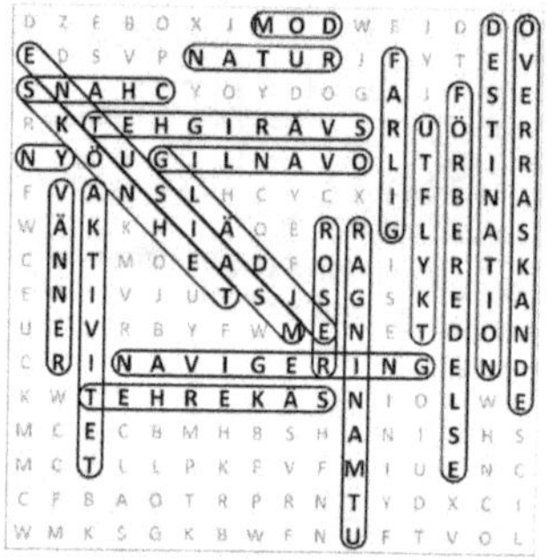

34 - Restaurant #2

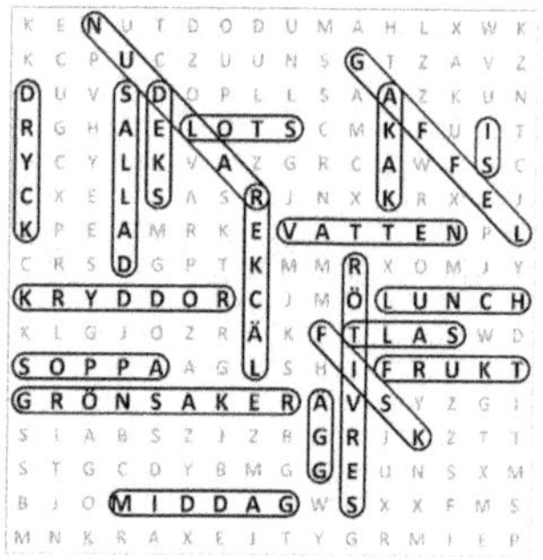

35 - De Media

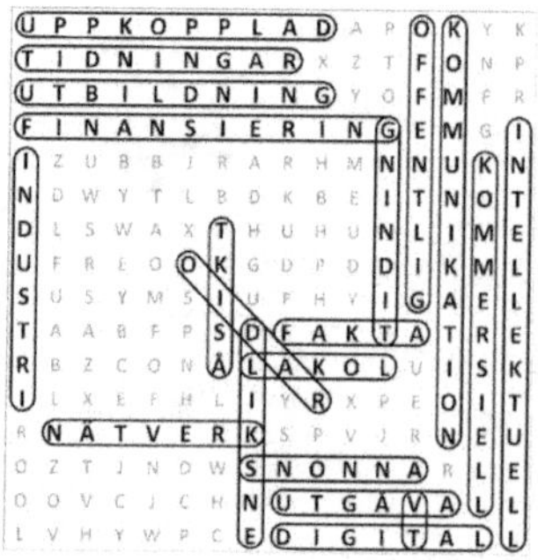

36 - Bijen

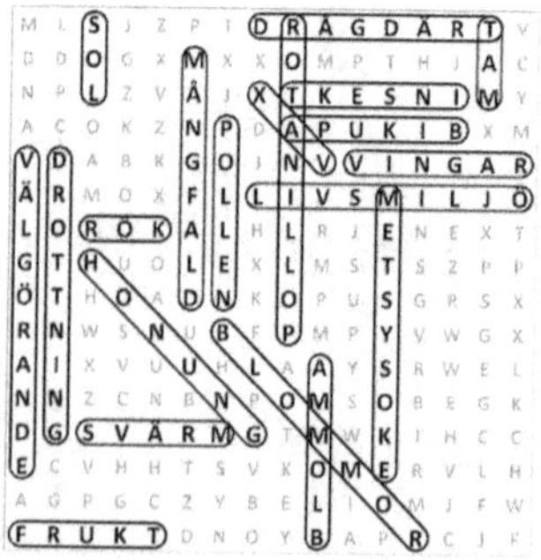

37 - Wandelen

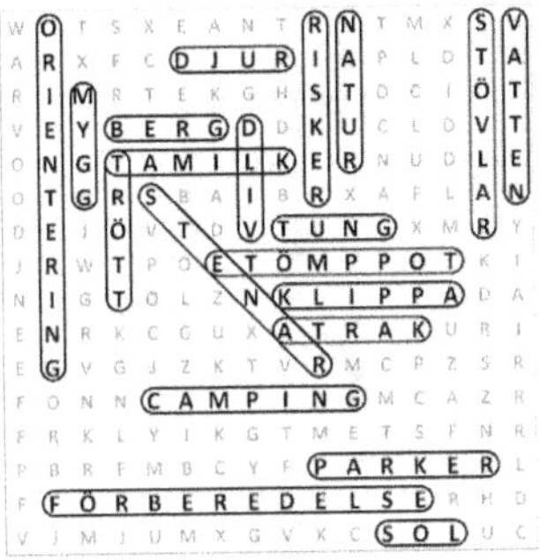

38 - Ecologie

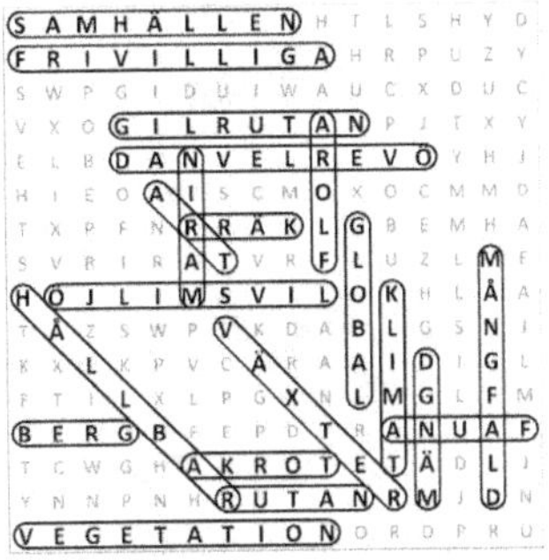

39 - Biologie

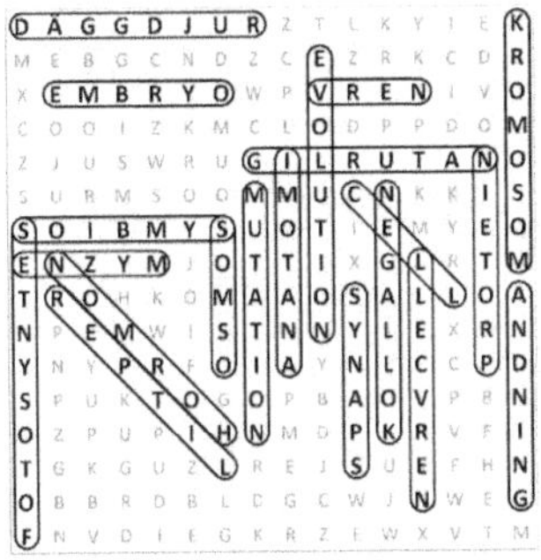

40 - Landen #1

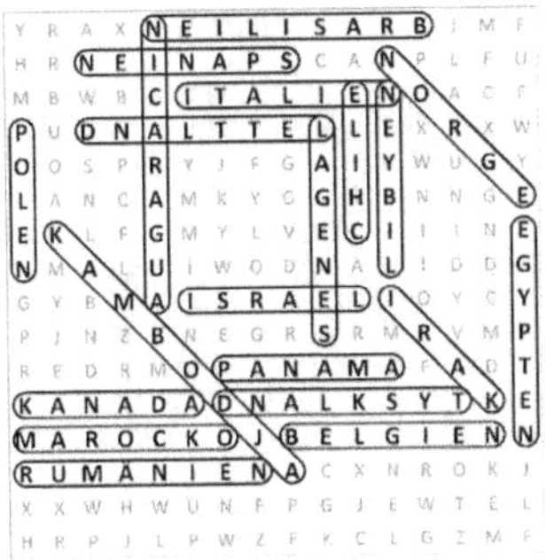

41 - Installaties

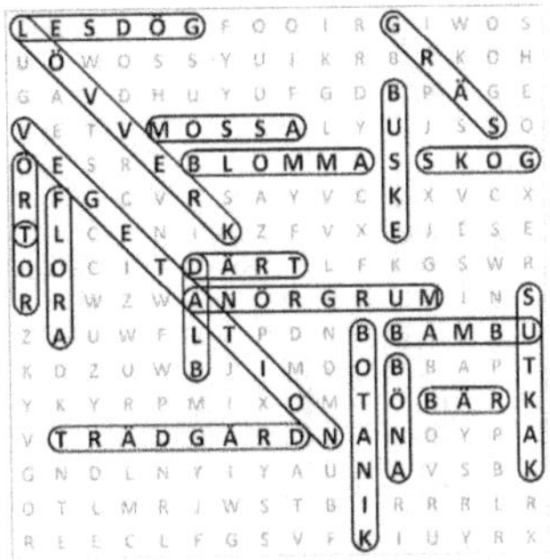

42 - Agronomie

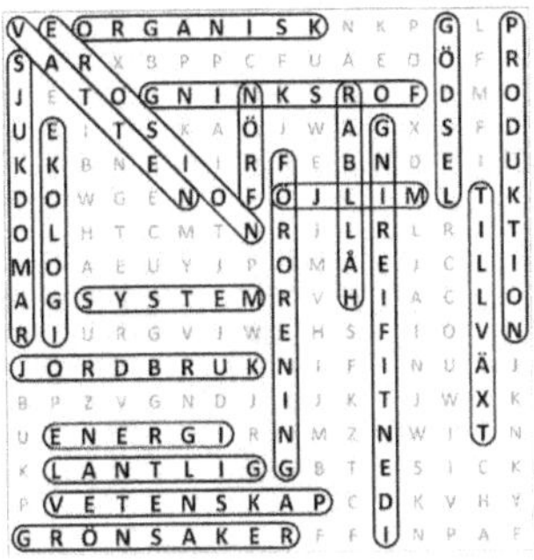

43 - Oceaan

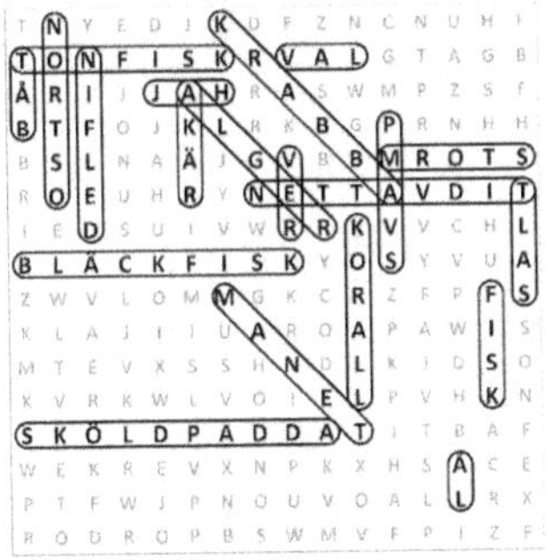

44 - Landen #2

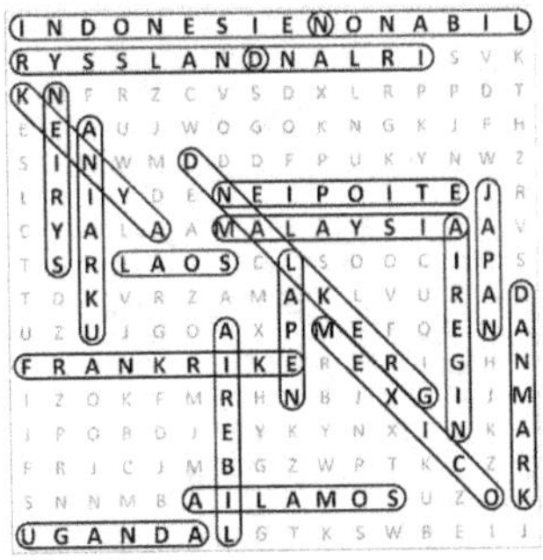

45 - Bloemen

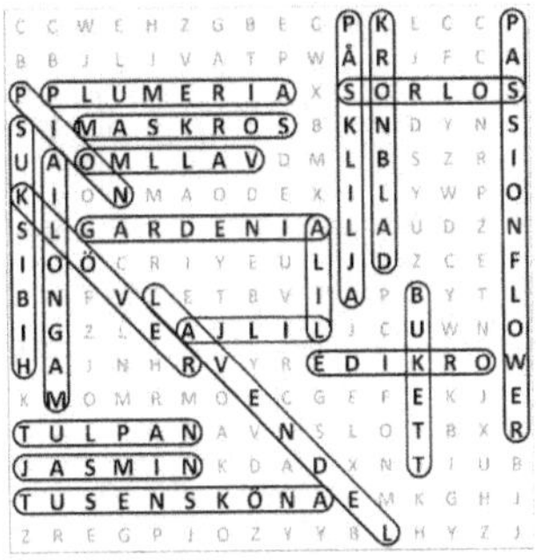

46 - Landschappen

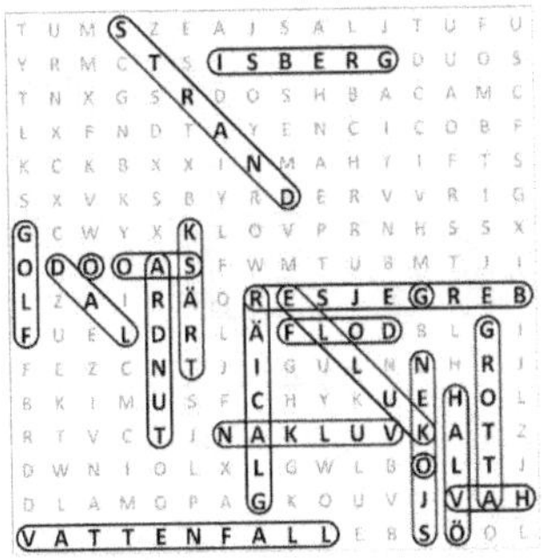

47 - Tuin

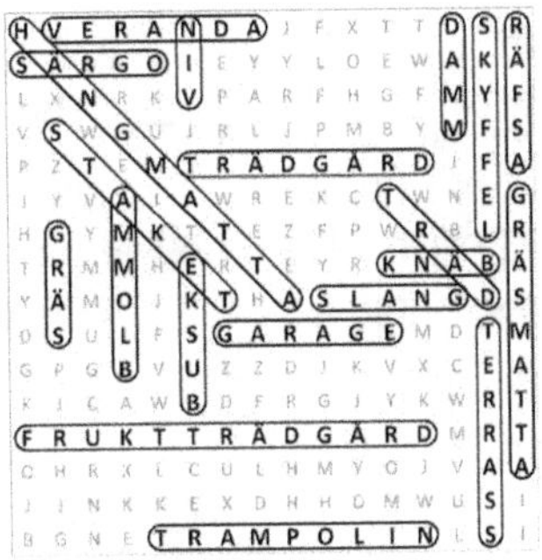

48 - Beroepen #2

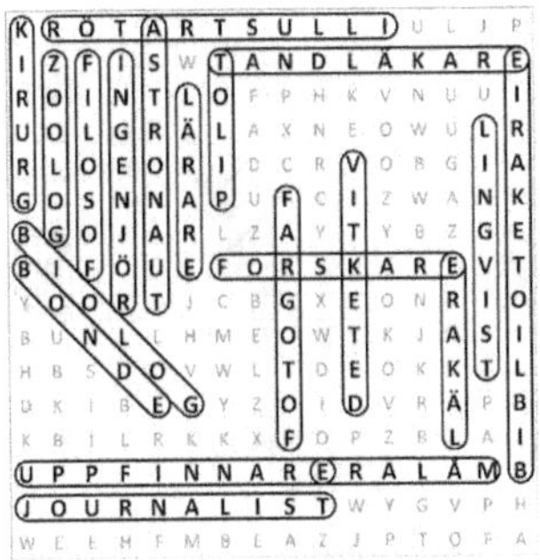

49 - Dagen en Maanden

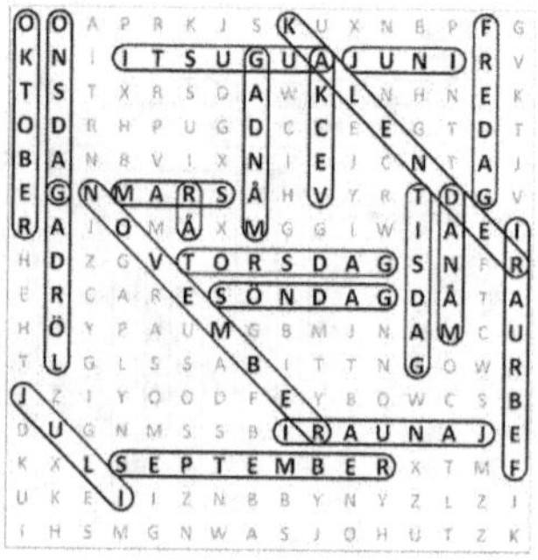

50 - Mode

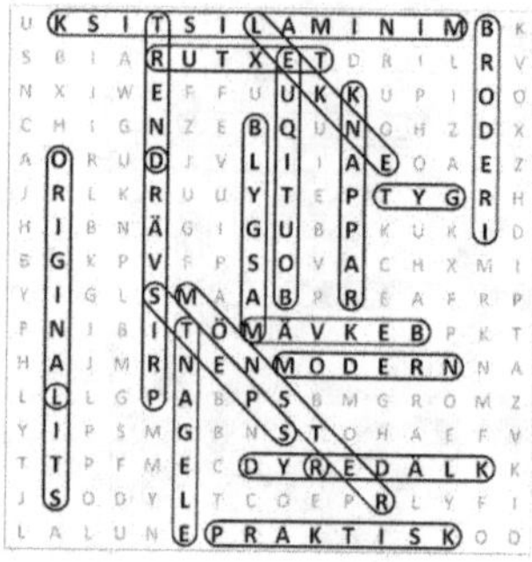

51 - Menselijk Lichaam

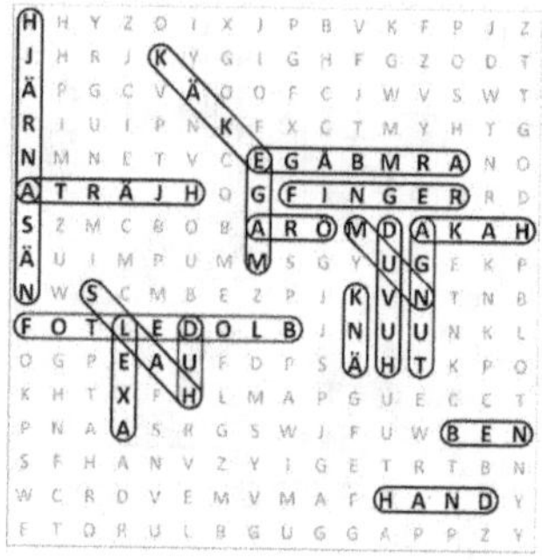

52 - Energie

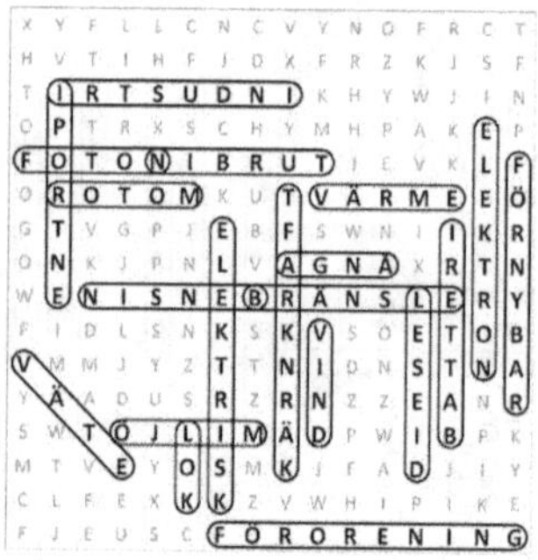

53 - Gebouwen

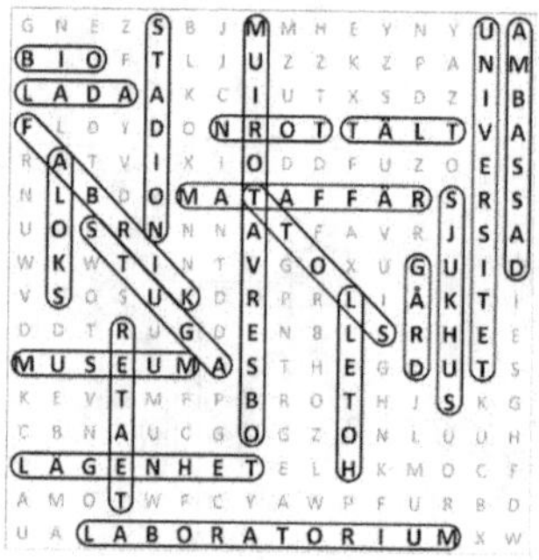

54 - Kunst

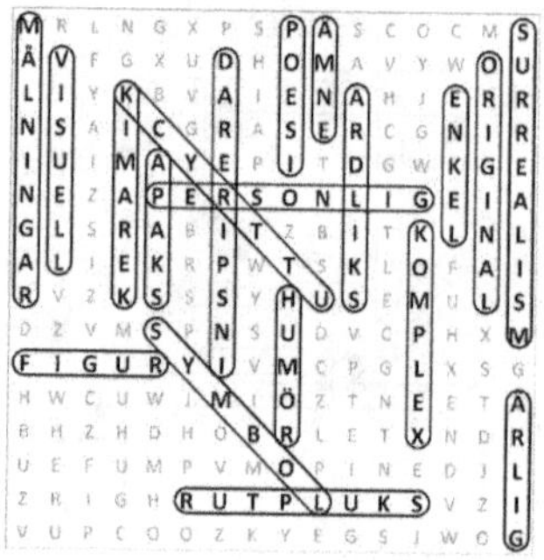

55 - Beroepen #1

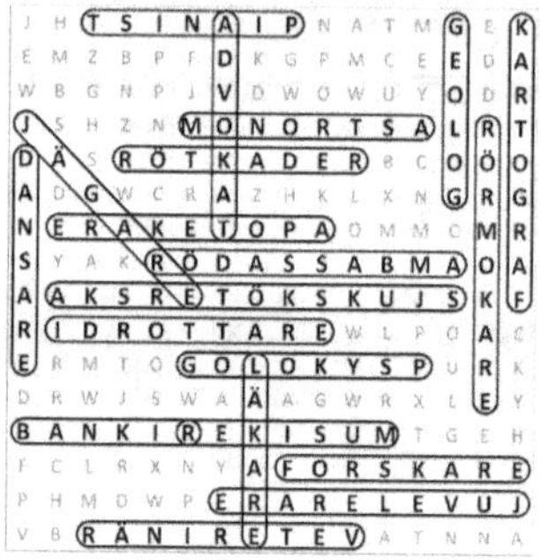

56 - Antarctica

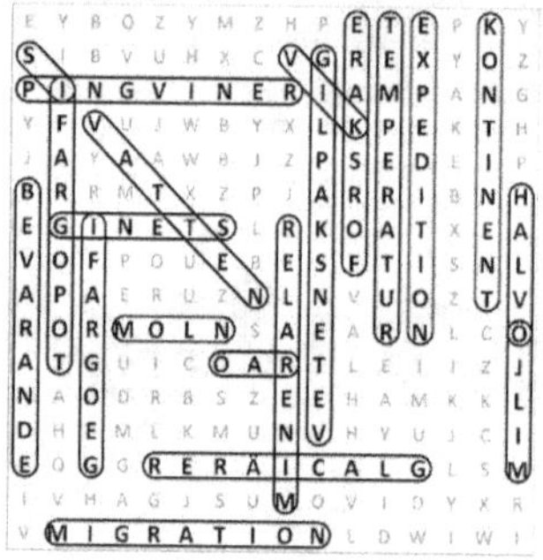

57 - Ballet

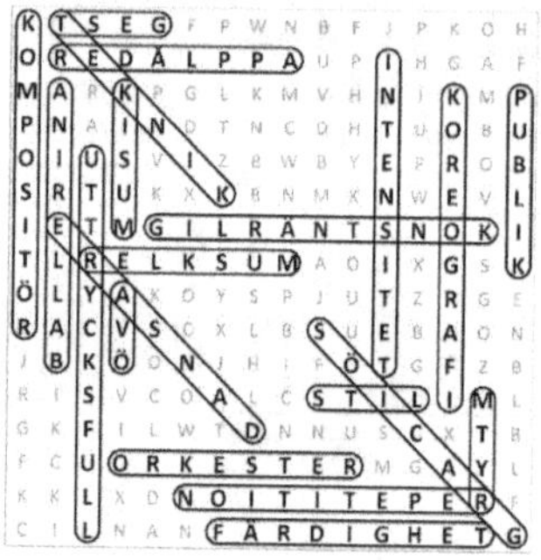

58 - Fruit

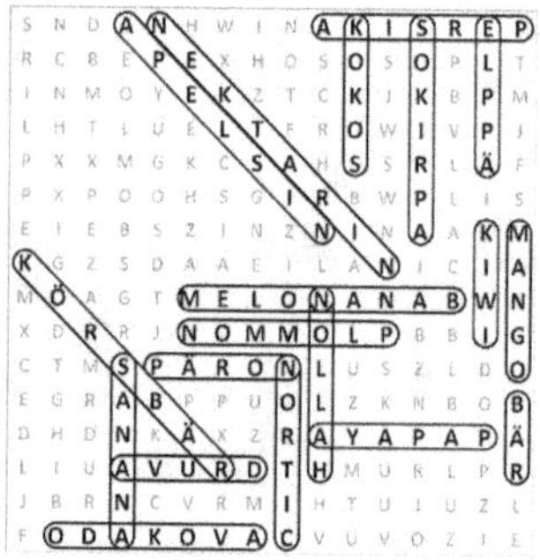

59 - Engineering

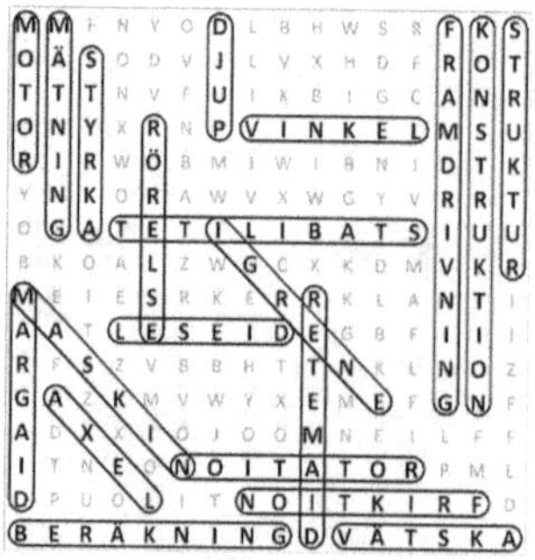

60 - Literatuur

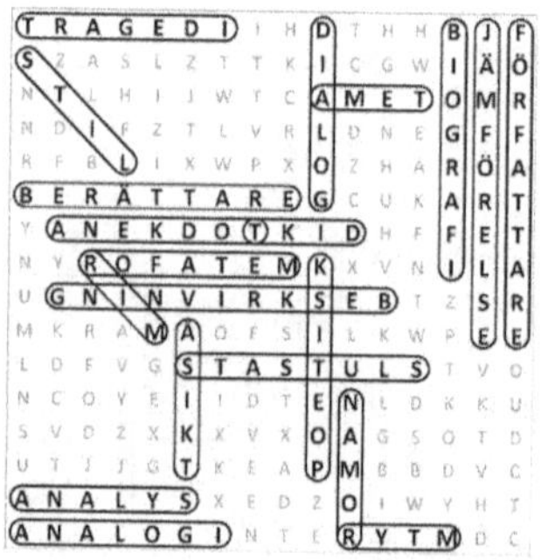

61 - Boeken

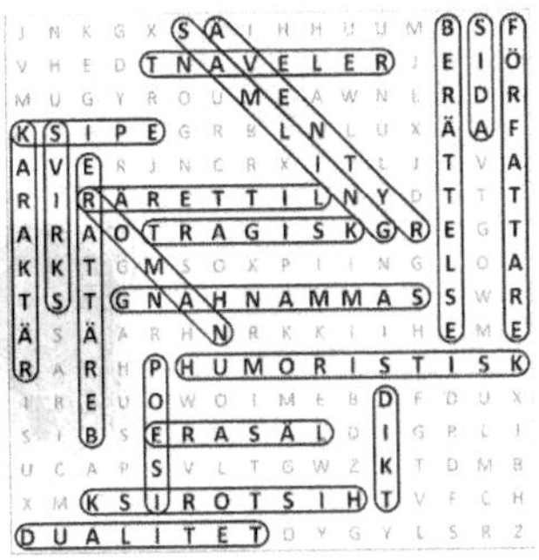

62 - Meer Informatie

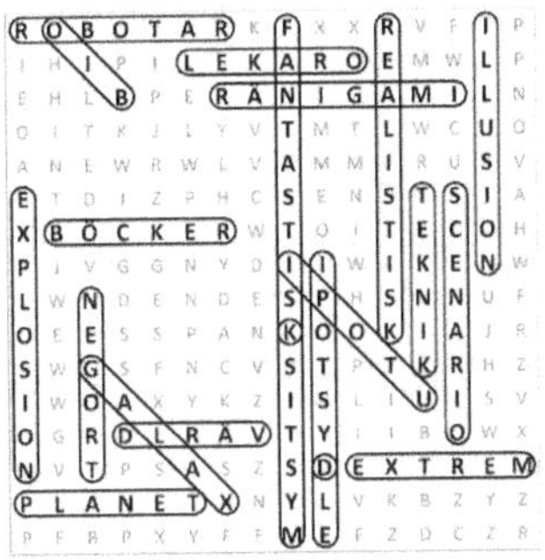

63 - Regenwoud

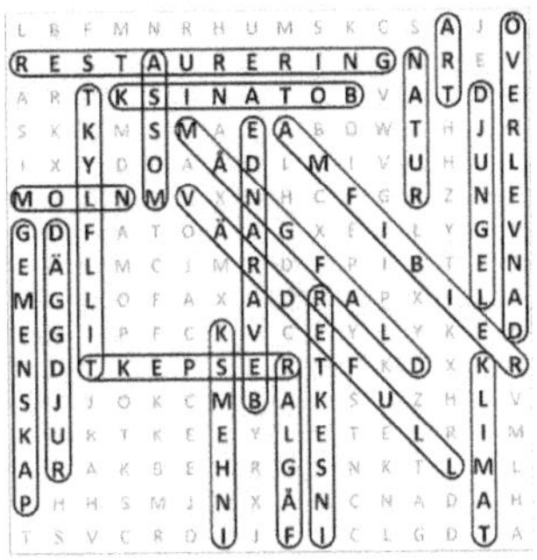

64 - Haartypes

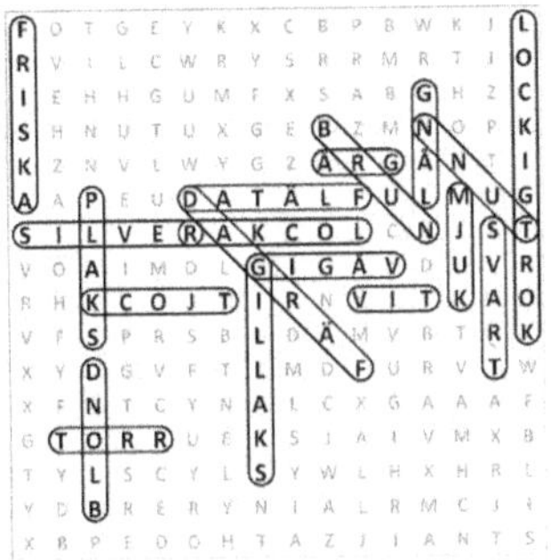

65 - Stad

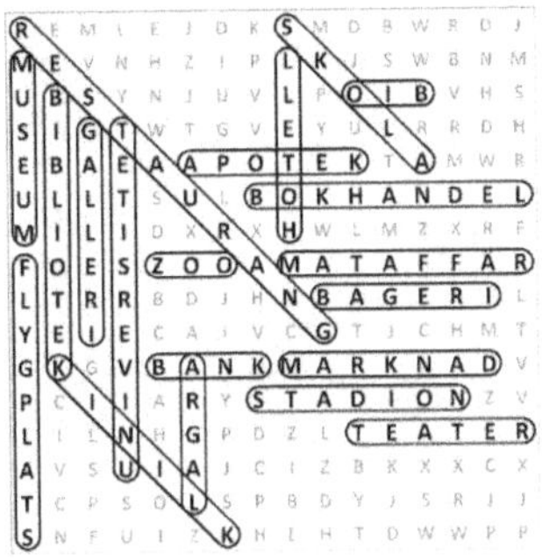

66 - Creativiteit

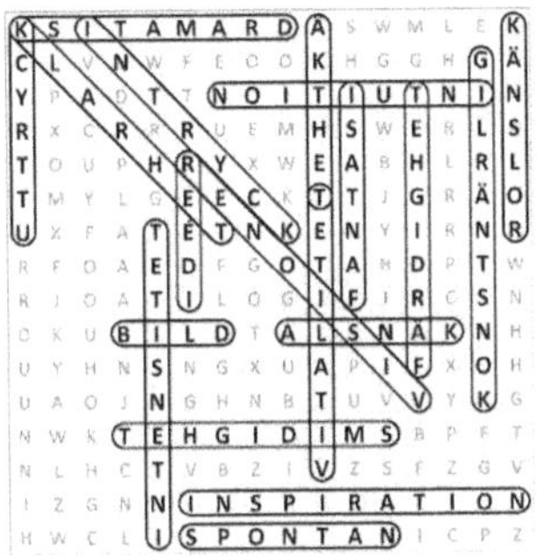

67 - Natuur

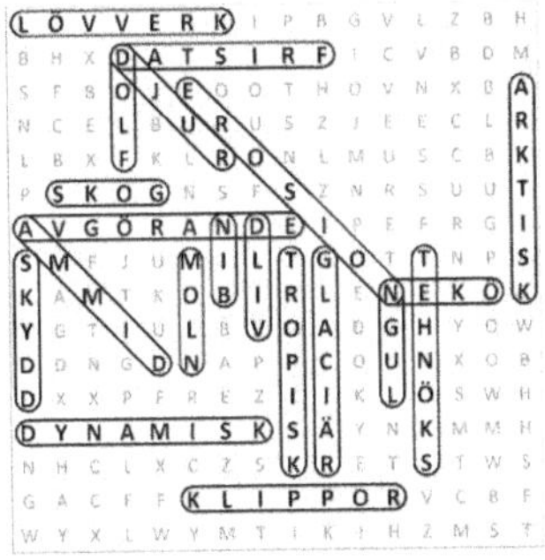

68 - Zoogdieren

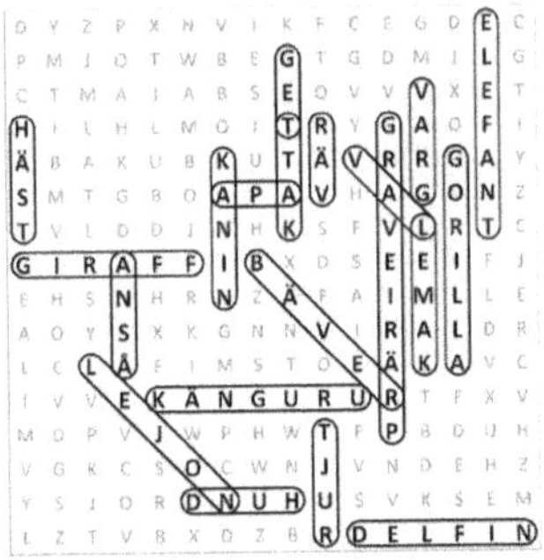

69 - Overheid

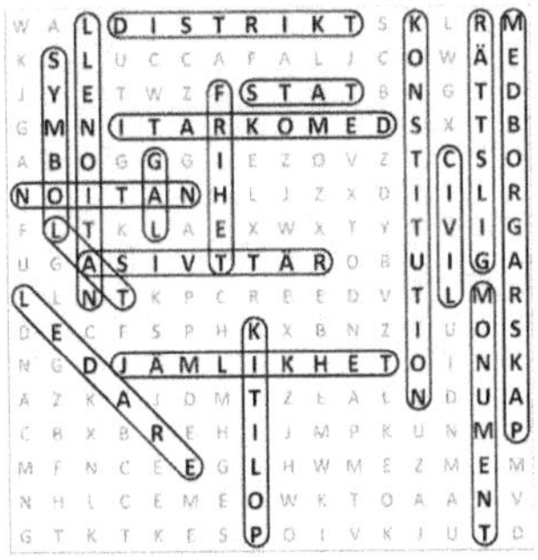

70 - Voertuigen

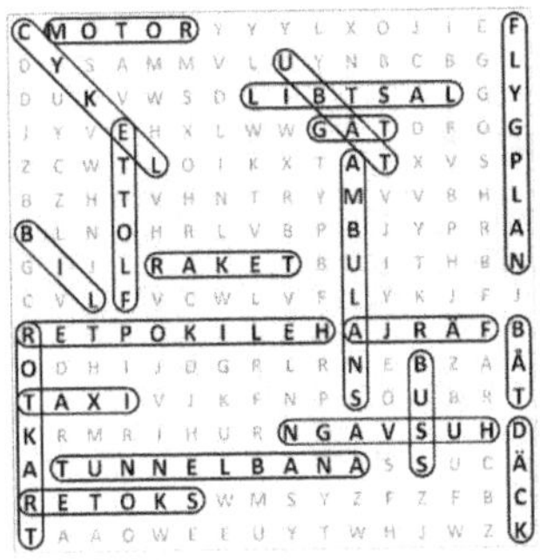

71 - Geografie

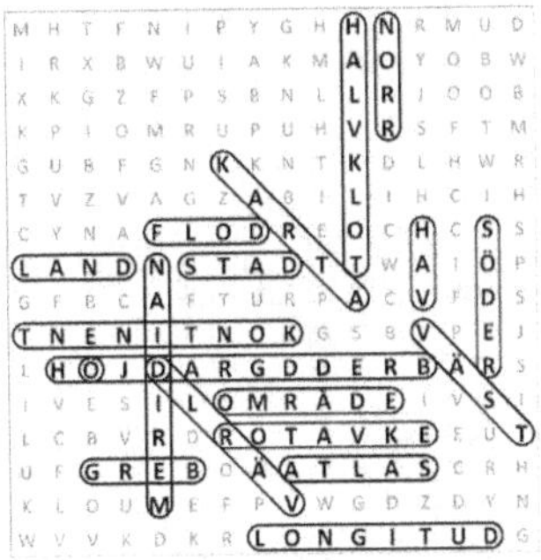

72 - Kunstbenodigdhe

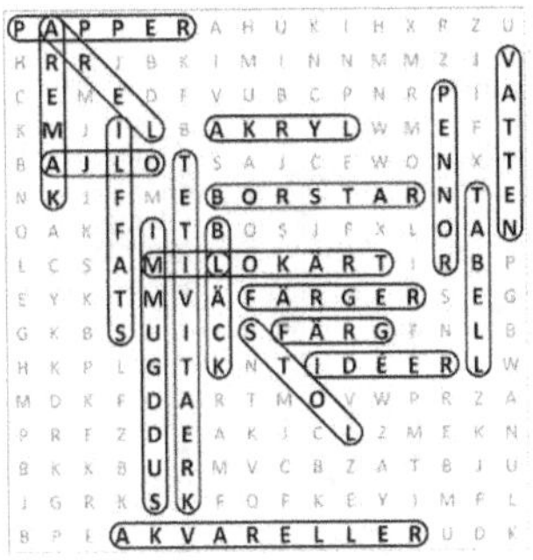

73 - Barbecues

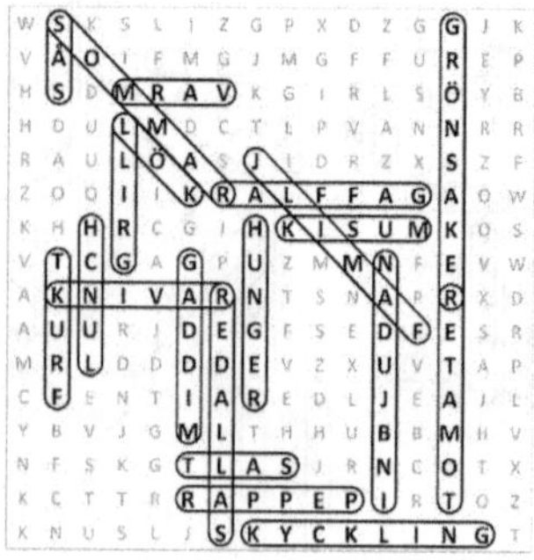

74 - Schoonheid

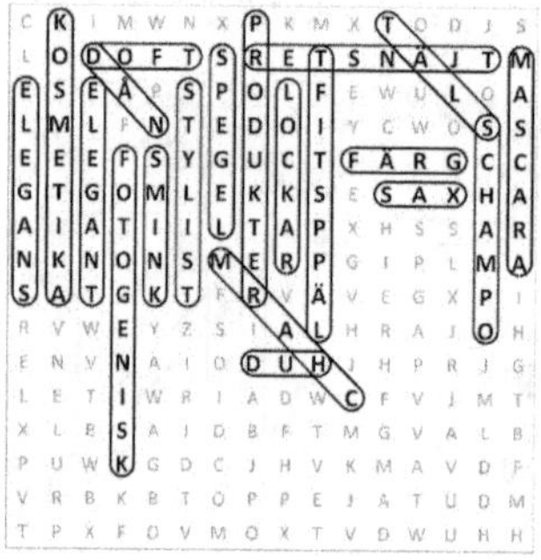

75 - Wetenschappelijk

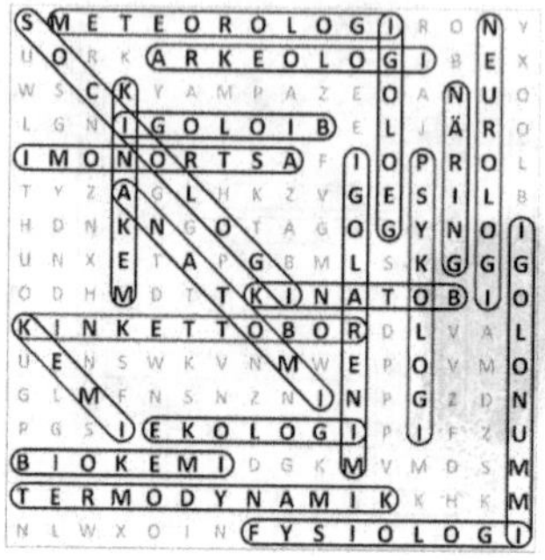

76 - Bijvoeglijke Naamwoorden

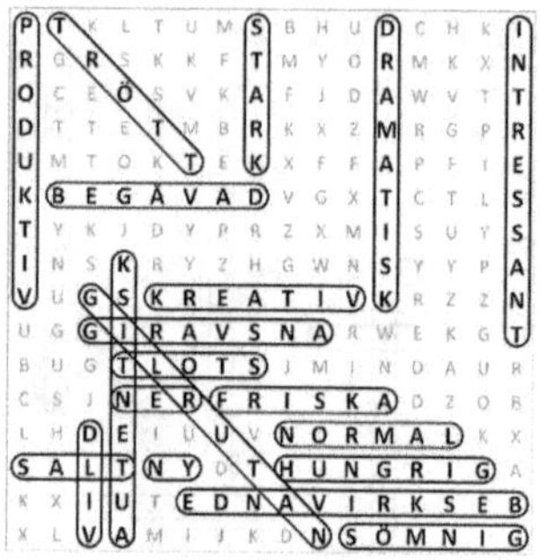

77 - Kleding

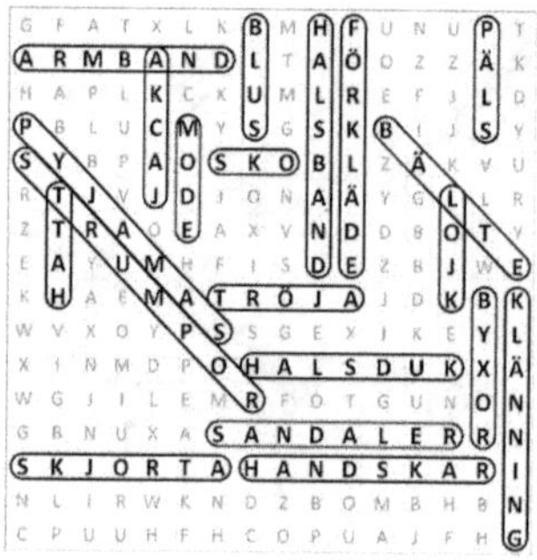

78 - Vliegtuigen

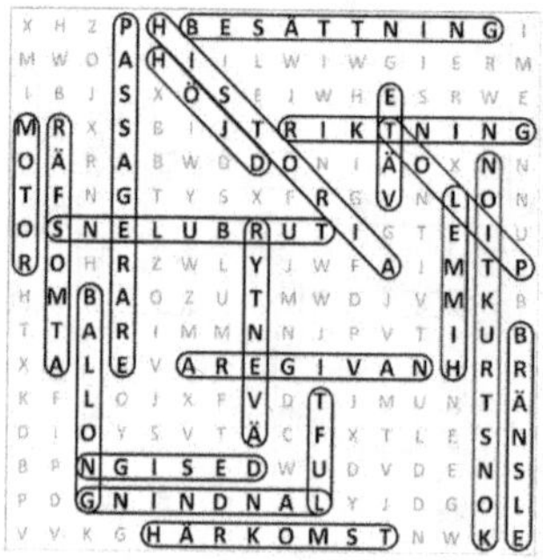

79 - Herbalisme

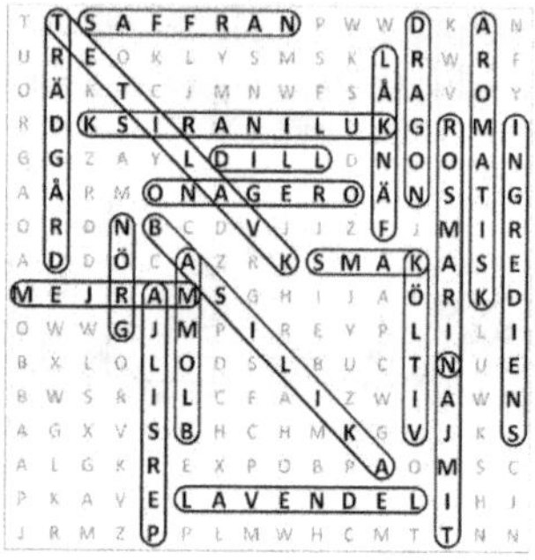

80 - Kracht en Zwaartekracht

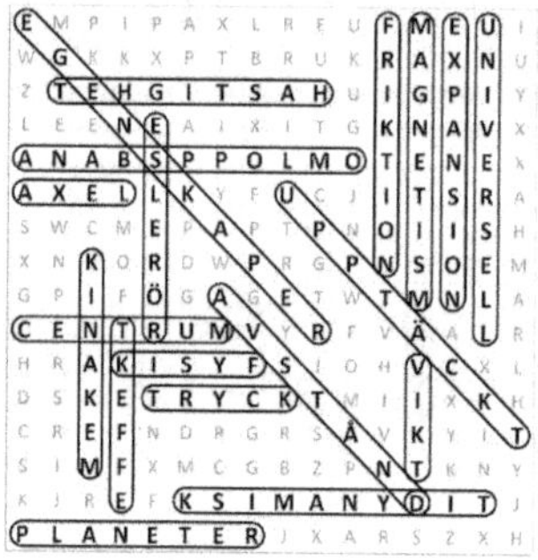

81 - Rijden

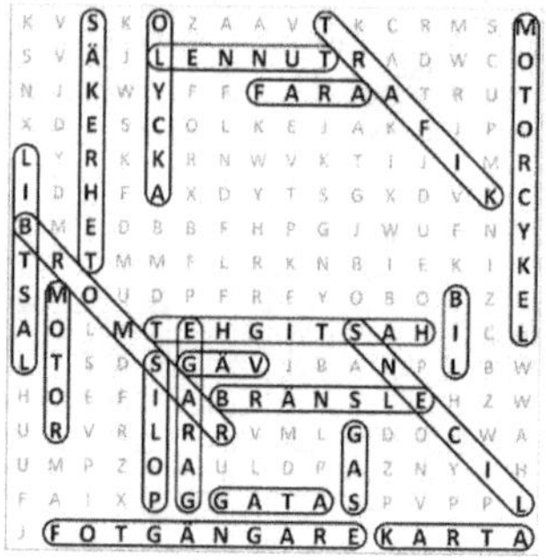

82 - Wetenschap

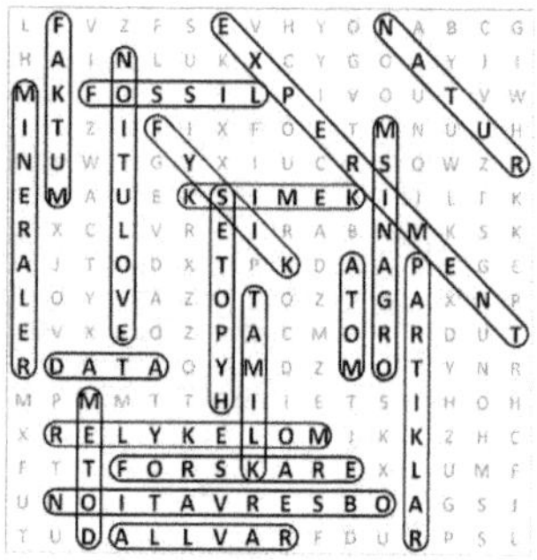

83 - Natuurkunde

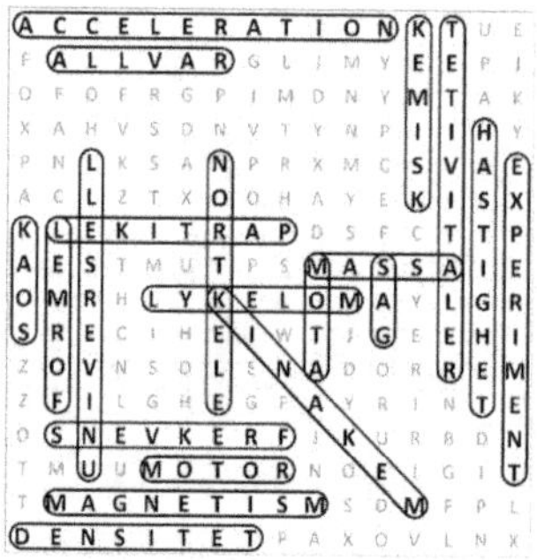

84 - Muziekinstrument

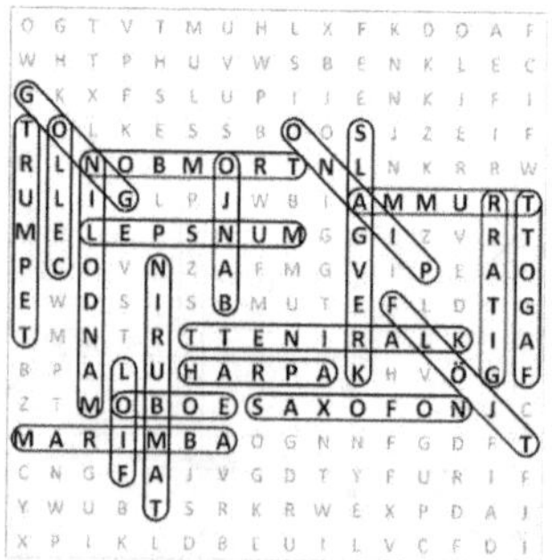

85 - Ethiek

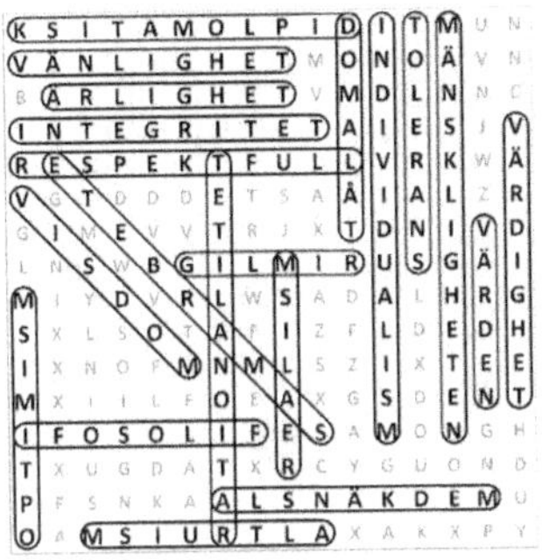

86 - Antiek

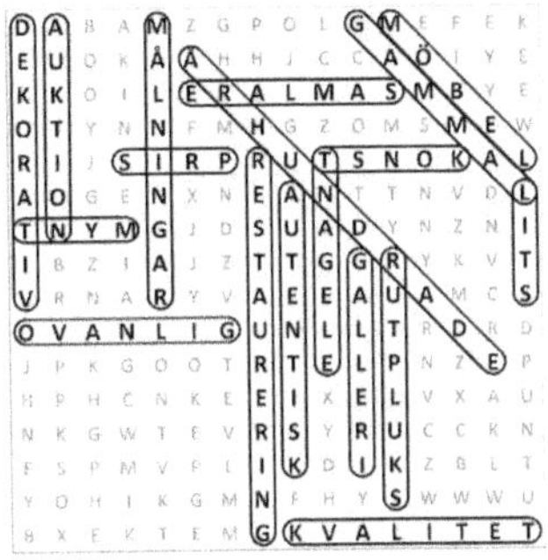

87 - Water

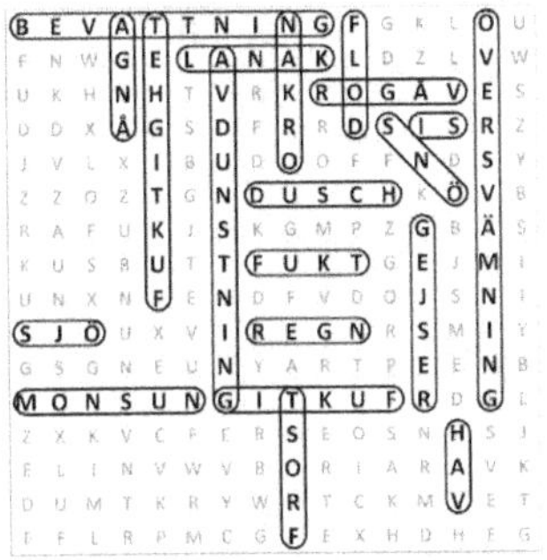

88 - Koffie

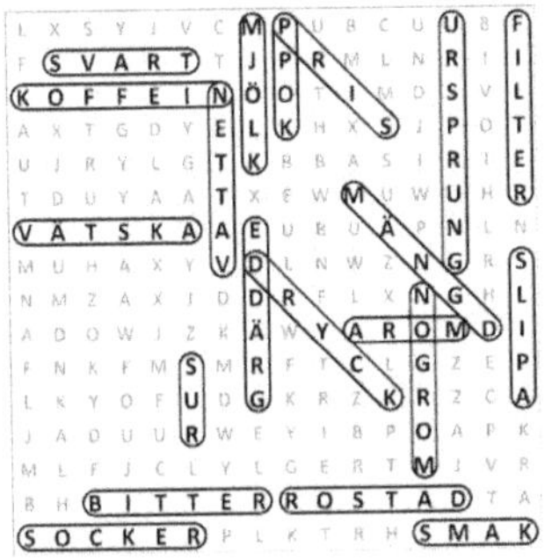

89 - Boerderij #1

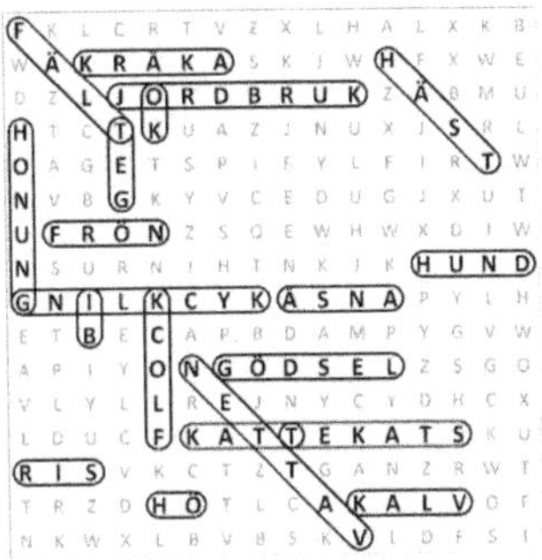

90 - Huis

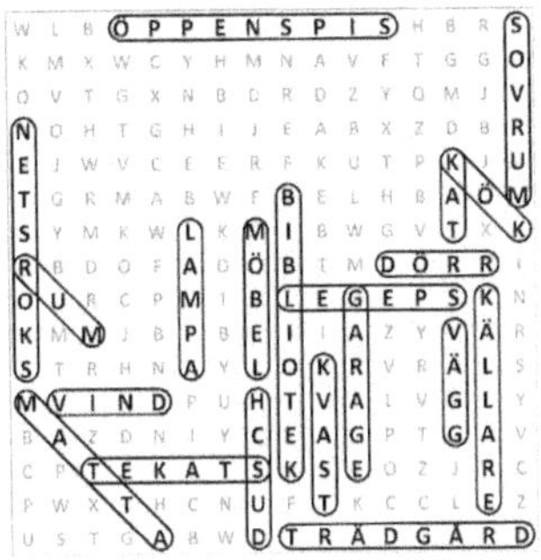

91 - Geometrie

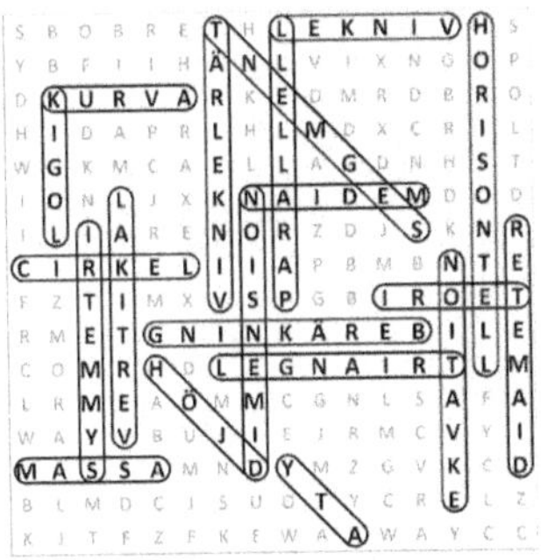

92 - Jazz

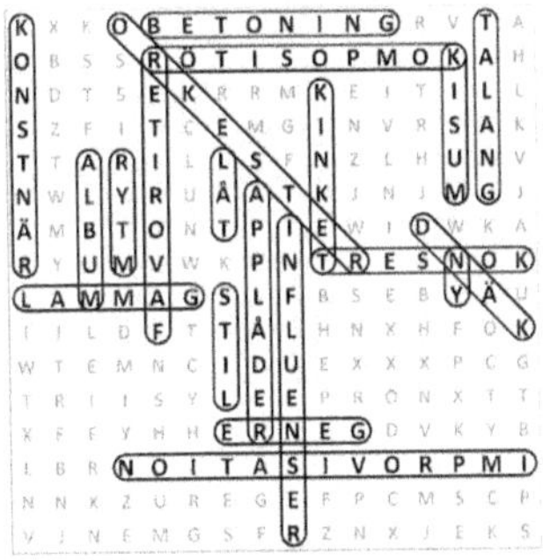

93 - Getallen

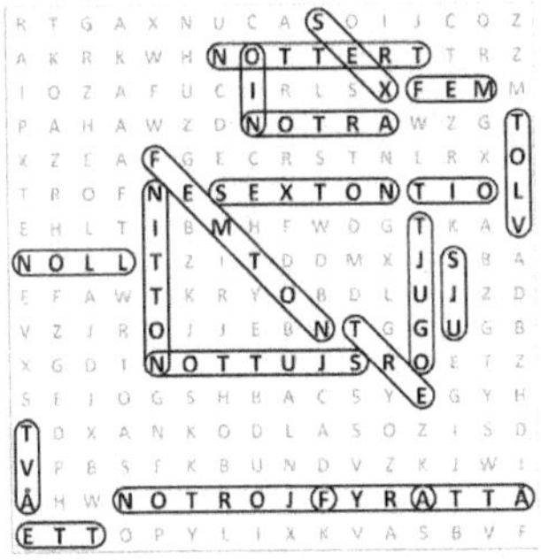

94 - Boksen

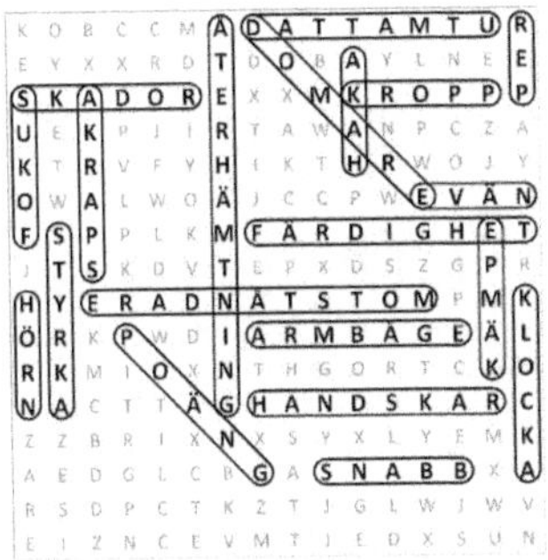

95 - Boerderij #2

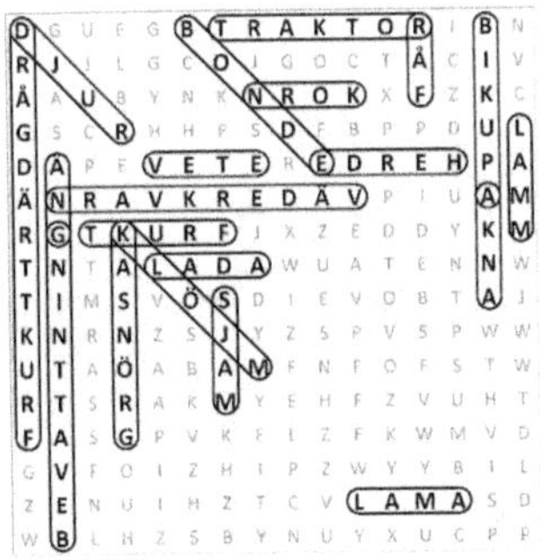

96 - Psychologie

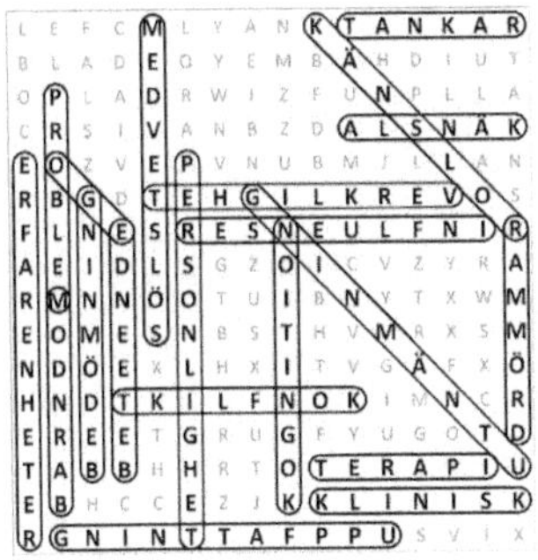

97 - Zakelijk

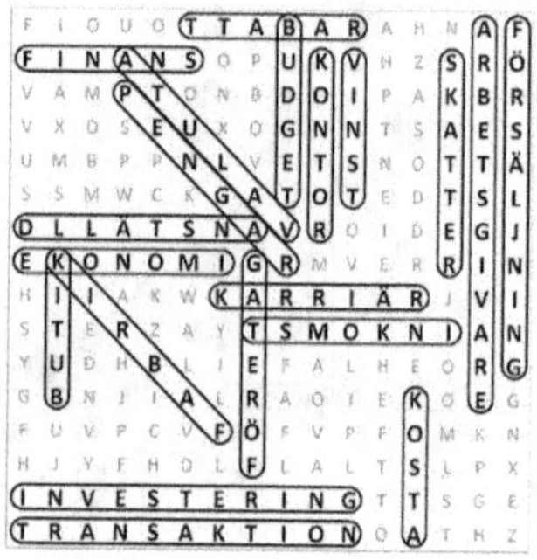

98 - Voeding

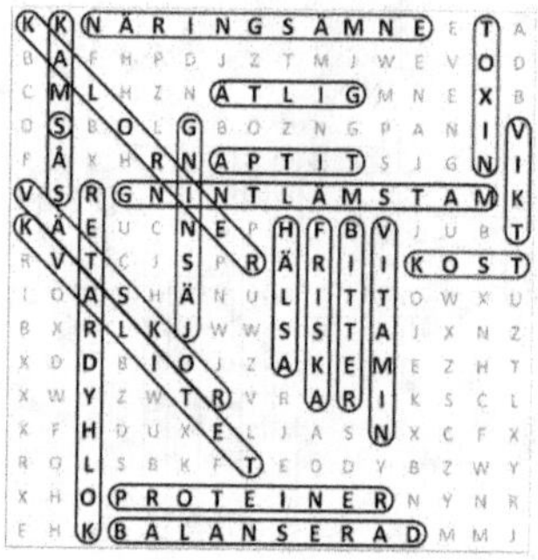

99 - Chemie

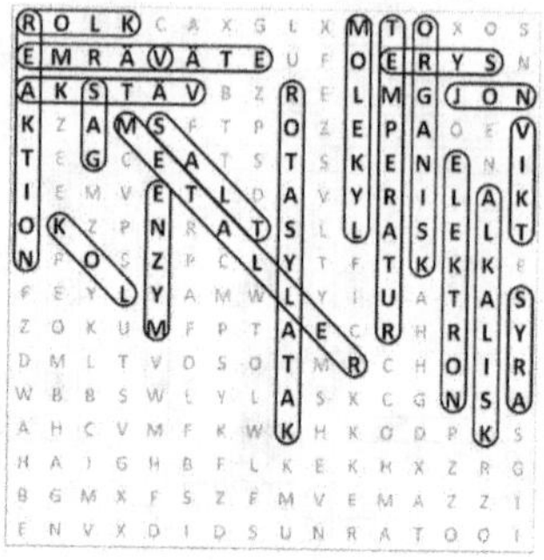

Woordenboek

Activiteiten
Aktiviteter

Activiteit	Aktivitet
Ambachten	Hantverk
Dansen	Dans
Fotografie	Fotografi
Games	Spel
Hengelsport	Fiske
Jacht	Jakt
Kamperen	Camping
Keramiek	Keramik
Kunst	Konst
Lezen	Läsning
Magie	Magi
Naaien	Sömnad
Ontspanning	Avkoppling
Plezier	Nöje
Puzzels	Pussel
Schilderij	Målning
Vaardigheid	Färdighet
Vrije Tijd	Fritid
Wandelen	Vandring

Agronomie
Agronomi

Duurzaam	Hållbar
Ecologie	Ekologi
Energie	Energi
Erosie	Erosion
Groei	Tillväxt
Groente	Grönsaker
Identificatie	Identifiering
Landbouw	Jordbruk
Landelijk	Lantlig
Mest	Gödsel
Omgeving	Miljö
Onderzoek	Forskning
Organisch	Organisk
Productie	Produktion
Systemen	System
Vervuiling	Förorening
Water	Vatten
Wetenschap	Vetenskap
Zaden	Frön
Ziekten	Sjukdomar

Algebra
Algebra

Aftrekken	Subtraktion
Diagram	Diagram
Exponent	Exponent
Factor	Faktor
Formule	Formel
Fractie	Fraktion
Grafiek	Graf
Haakje	Parentes
Hoeveelheid	Kvantitet
Lineair	Linjär
Matrix	Matris
Nul	Noll
Oneindig	Oändlig
Oplossing	Lösning
Probleem	Problem
Som	Summa
Vals	Falsk
Variabele	Variabel
Vereenvoudigen	Förenkla
Vergelijking	Ekvation

Antarctica
Antarktis

Baai	Vik
Behoud	Bevarande
Continent	Kontinent
Eilanden	Öar
Expeditie	Expedition
Geografie	Geografi
Gletsjers	Glaciärer
Ijs	Is
Migratie	Migration
Mineralen	Mineraler
Omgeving	Miljö
Onderzoeker	Forskare
Pinguïn	Pingviner
Rotsachtig	Stenig
Schiereiland	Halvö
Temperatuur	Temperatur
Topografie	Topografi
Water	Vatten
Wetenschappelijk	Vetenskaplig
Wolken	Moln

Antiek
Antikviteter

Authentiek	Autentisk
Beeldhouwwerk	Skulptur
Decoratief	Dekorativ
Eeuw	Århundrade
Elegant	Elegant
Galerij	Galleri
Investering	Investering
Kunst	Konst
Kwaliteit	Kvalitet
Meubilair	Möbel
Munten	Mynt
Ongewoon	Ovanlig
Oud	Gammal
Prijs	Pris
Restauratie	Restaurering
Schilderijen	Målningar
Stijl	Stil
Veiling	Auktion
Verzamelaar	Samlare
Waarde	Värde

Archeologie
Arkeologi

Analyse	Analys
Beschaving	Civilisation
Botten	Ben
Deskundige	Expert
Evaluatie	Utvärdering
Fossiel	Fossil
Fragmenten	Fragment
Graf	Grav
Mysterie	Mysterium
Nakomeling	Ättling
Objecten	Objekt
Onbekend	Okänd
Onderzoeker	Forskare
Oudheid	Antiken
Professor	Professor
Relikwie	Relik
Team	Team
Tempel	Tempel
Tijdperk	Era
Vergeten	Glömt

Astronomie
Astronomi

Aarde	Jord
Asteroïde	Asteroid
Astronaut	Astronaut
Astronoom	Astronom
Equinox	Dagjämning
Komeet	Komet
Kosmos	Kosmos
Maan	Måne
Meteoor	Meteor
Nevel	Nebulosa
Observatorium	Observatorium
Planeet	Planet
Raket	Raket
Satelliet	Satellit
Ster	Stjärna
Sterrenbeeld	Konstellation
Straling	Strålning
Telescoop	Teleskop
Universum	Universum
Zwaartekracht	Allvar

Avontuur
Äventyr

Activiteit	Aktivitet
Bestemming	Destination
Enthousiasme	Entusiasm
Excursie	Utflykt
Gevaarlijk	Farlig
Kans	Chans
Moed	Mod
Moeilijkheid	Svårighet
Natuur	Natur
Navigatie	Navigering
Nieuw	Ny
Ongewoon	Ovanlig
Reizen	Resor
Schoonheid	Skönhet
Uitdagingen	Utmaningar
Veiligheid	Säkerhet
Verrassend	Överraskande
Voorbereiding	Förberedelse
Vreugde	Glädje
Vrienden	Vänner

Ballet
Balett

Applaus	Applåder
Artistiek	Konstnärlig
Ballerina	Ballerina
Choreografie	Koreografi
Componist	Kompositör
Dansers	Dansare
Expressief	Uttrycksfull
Gebaar	Gest
Intensiteit	Intensitet
Muziek	Musik
Orkest	Orkester
Praktijk	Öva
Publiek	Publik
Repetitie	Repetition
Ritme	Rytm
Sierlijk	Graciös
Spieren	Muskler
Stijl	Stil
Techniek	Teknik
Vaardigheid	Färdighet

Barbecues
Grillar

Diner	Middag
Familie	Familj
Fruit	Frukt
Grill	Grill
Groente	Grönsaker
Heet	Varm
Honger	Hunger
Kip	Kyckling
Lunch	Lunch
Messen	Knivar
Muziek	Musik
Peper	Peppar
Salades	Sallader
Saus	Sås
Tomaten	Tomater
Uien	Lök
Uitnodiging	Inbjudan
Vorken	Gafflar
Zomer	Sommar
Zout	Salt

Beroepen #1
Yrken # 1

Advocaat	Advokat
Ambassadeur	Ambassadör
Apotheker	Apotekare
Astronoom	Astronom
Atleet	Idrottare
Bankier	Bankir
Cartograaf	Kartograf
Danser	Dansare
Dierenarts	Veterinär
Dokter	Läkare
Editor	Redaktör
Geoloog	Geolog
Jager	Jägare
Juwelier	Juvelerare
Loodgieter	Rörmokare
Muzikant	Musiker
Pianist	Pianist
Psycholoog	Psykolog
Verpleegster	Sjuksköterska
Wetenschapper	Forskare

Beroepen #2
Yrken # 2

Arts	Läkare
Astronaut	Astronaut
Bibliothecaris	Bibliotekarie
Bioloog	Biolog
Boer	Bonde
Chirurg	Kirurg
Detective	Detektiv
Filosoof	Filosof
Fotograaf	Fotograf
Illustrator	Illustratör
Ingenieur	Ingenjör
Journalist	Journalist
Leraar	Lärare
Linguïst	Lingvist
Onderzoeker	Forskare
Piloot	Pilot
Schilder	Målare
Tandarts	Tandläkare
Uitvinder	Uppfinnare
Zoöloog	Zoolog

Bijen
Bin

Bestuiver	Pollinator
Bijenkorf	Bikupa
Bloemen	Blommor
Bloesem	Blomma
Diversiteit	Mångfald
Ecosysteem	Ekosystem
Fruit	Frukt
Habitat	Livsmiljö
Honing	Honung
Insect	Insekt
Koningin	Drottning
Rook	Rök
Stuifmeel	Pollen
Tuin	Trädgård
Vleugels	Vingar
Voedsel	Mat
Voordelig	Välgörande
Was	Vax
Zon	Sol
Zwerm	Svärm

Bijvoeglijke Naamwoorden
Adjektiv #1

Aantrekkelijk	Attraktiv
Actief	Aktiv
Ambitieus	Ambitiös
Aromatisch	Aromatisk
Artistiek	Konstnärlig
Belangrijk	Viktig
Diep	Djup
Donker	Mörk
Dun	Tunn
Eerlijk	Ärlig
Exotisch	Exotisk
Identiek	Identisk
Jong	Ung
Lang	Lång
Langzaam	Långsam
Modern	Modern
Onschuldig	Oskyldig
Perfect	Perfekt
Waardevol	Värdefull
Zwaar	Tung

Bijvoeglijke Naamwoorden
Adjektiv #2

Authentiek	Autentisk
Begaafd	Begåvad
Beschrijvend	Beskrivande
Creatief	Kreativ
Dramatisch	Dramatisk
Gezond	Friska
Hongerig	Hungrig
Interessant	Intressant
Moe	Trött
Natuurlijk	Naturlig
Nieuw	Ny
Normaal	Normal
Productief	Produktiv
Slaperig	Sömnig
Sterk	Stark
Trots	Stolt
Verantwoordelijk	Ansvarig
Wild	Vild
Zout	Salt
Zuiver	Ren

Biologie
Biologi

Ademhaling	Andning
Anatomie	Anatomi
Cel	Cell
Chromosoom	Kromosom
Collageen	Kollagen
Eiwit	Protein
Embryo	Embryo
Enzym	Enzym
Evolutie	Evolution
Fotosynthese	Fotosyntes
Hormoon	Hormon
Mutatie	Mutation
Natuurlijk	Naturlig
Neuron	Nervcell
Osmose	Osmos
Reptiel	Reptil
Symbiose	Symbios
Synaps	Synaps
Zenuw	Nerv
Zoogdier	Däggdjur

Bloemen
Blommor

Bloemblad	Kronblad
Boeket	Bukett
Gardenia	Gardenia
Hibiscus	Hibiskus
Jasmijn	Jasmin
Klaver	Klöver
Lavendel	Lavendel
Lelie	Lilja
Lila	Lila
Madeliefje	Tusensköna
Magnolia	Magnolia
Narcis	Påsklilja
Orchidee	Orkidé
Paardebloem	Maskros
Papaver	Vallmo
Passiebloem	Passionflower
Pioenroos	Pion
Plumeria	Plumeria
Tulp	Tulpan
Zonnebloem	Solros

Boeken
Böcker

Auteur	Författare
Avontuur	Äventyr
Bladzijde	Sida
Collectie	Samling
Context	Sammanhang
Dualiteit	Dualitet
Episch	Episk
Gedicht	Dikt
Geschreven	Skrivs
Historisch	Historisk
Humoristisch	Humoristisk
Karakter	Karaktär
Lezer	Läsare
Literair	Litterär
Poëzie	Poesi
Relevant	Relevant
Roman	Roman
Tragisch	Tragisk
Verhaal	Berättelse
Verteller	Berättare

Boerderij #1
Gård #1

Bij	Bi
Ezel	Åsna
Geit	Get
Hek	Staket
Hond	Hund
Honing	Honung
Hooi	Hö
Kalf	Kalv
Kat	Katt
Kip	Kyckling
Koe	Ko
Kraai	Kråka
Kudde	Flock
Landbouw	Jordbruk
Mest	Gödsel
Paard	Häst
Rijst	Ris
Veld	Fält
Water	Vatten
Zaden	Frön

Boerderij #2
Gård #2

Bijenkorf	Bikupa
Boer	Bonde
Boomgaard	Fruktträdgård
Dieren	Djur
Eend	Anka
Fruit	Frukt
Gerst	Korn
Groente	Grönsak
Herder	Herde
Irrigatie	Bevattning
Lam	Lamm
Lama	Lama
Maïs	Majs
Melk	Mjölk
Schaap	Får
Schuur	Lada
Tarwe	Vete
Tractor	Traktor
Weide	Äng
Windmolen	Väderkvarn

Boksen
Boxning

Elleboog	Armbåge
Focus	Fokus
Handschoenen	Handskar
Herstel	Återhämtning
Hoek	Hörn
Kin	Haka
Klok	Klocka
Kracht	Styrka
Lichaam	Kropp
Punten	Poäng
Scheidsrechter	Domare
Schoppen	Sparka
Snel	Snabb
Tegenstander	Motståndare
Touwen	Rep
Uitgeput	Utmattad
Vaardigheid	Färdighet
Vechter	Kämpe
Verwondingen	Skador
Vuist	Näve

Boten
Båtar

Anker	Ankare
Bemanning	Besättning
Boei	Boj
Dok	Docka
Golven	Vågor
Jacht	Yacht
Kajak	Kajak
Kano	Kanot
Mast	Mast
Matroos	Sjöman
Meer	Sjö
Motor	Motor
Nautisch	Nautisk
Reddingsboot	Livbåt
Rivier	Flod
Touw	Rep
Veerboot	Färja
Vlot	Flotte
Zee	Hav
Zeilboot	Segelbåt

Camping
Camping

Avontuur	Äventyr
Berg	Berg
Bomen	Träd
Bos	Skog
Brand	Eld
Cabine	Stuga
Dieren	Djur
Hangmat	Hängmatta
Hoed	Hatt
Insect	Insekt
Jacht	Jakt
Kaart	Karta
Kano	Kanot
Kompas	Kompass
Lantaarn	Lykta
Maan	Måne
Meer	Sjö
Natuur	Natur
Tent	Tält
Touw	Rep

Chemie
Kemi

Alkalisch	Alkalisk
Chloor	Klor
Elektron	Elektron
Enzym	Enzym
Gas	Gas
Gewicht	Vikt
Ion	Jon
Katalysator	Katalysator
Koolstof	Kol
Metalen	Metaller
Molecuul	Molekyl
Organisch	Organisk
Reactie	Reaktion
Temperatuur	Temperatur
Vloeistof	Vätska
Warmte	Värme
Waterstof	Väte
Zout	Salt
Zuur	Syra
Zuurstof	Syre

Chocolade
Choklad

Antioxidant	Antioxidant
Aroma	Arom
Bitter	Bitter
Cacao	Kakao
Calorieën	Kalorier
Exotisch	Exotisk
Favoriet	Favorit
Heerlijk	Läcker
Ingrediënt	Ingrediens
Karamel	Kola
Kokosnoot	Kokos
Kwaliteit	Kvalitet
Pinda'S	Jordnötter
Poeder	Pulver
Recept	Recept
Smaak	Smak
Snoep	Godis
Suiker	Socker
Zoet	Söt

Creativiteit
Kreativitet

Artistiek	Konstnärlig
Beeld	Bild
Dramatisch	Dramatisk
Echtheid	Äkthet
Emoties	Känslor
Gevoel	Känsla
Helderheid	Klarhet
Ideeën	Idéer
Indruk	Intryck
Inspiratie	Inspiration
Intensiteit	Intensitet
Intuïtie	Intuition
Spontaan	Spontan
Uitdrukking	Uttryck
Vaardigheid	Färdighet
Verbeelding	Fantasi
Visioenen	Visioner
Vitaliteit	Vitalitet
Vloeibaarheid	Smidighet

Dagen en Maanden
Dagar och Månader

Augustus	Augusti
Dinsdag	Tisdag
Donderdag	Torsdag
Februari	Februari
Jaar	År
Januari	Januari
Juli	Juli
Juni	Juni
Kalender	Kalender
Maand	Månad
Maandag	Måndag
Maart	Mars
November	November
Oktober	Oktober
September	September
Vrijdag	Fredag
Week	Vecka
Woensdag	Onsdag
Zaterdag	Lördag
Zondag	Söndag

Dans
Dansa

Academie	Akademi
Beweging	Rörelse
Blij	Glad
Choreografie	Koreografi
Cultureel	Kulturell
Cultuur	Kultur
Emotie	Känsla
Expressief	Uttrycksfull
Genade	Nåd
Houding	Hållning
Klassiek	Klassisk
Kunst	Konst
Lichaam	Kropp
Muziek	Musik
Partner	Partner
Repetitie	Repetition
Ritme	Rytm
Springen	Hoppa
Traditioneel	Traditionell
Visueel	Visuell

De Media
Medium

Advertenties	Annons
Commercieel	Kommersiell
Communicatie	Kommunikation
Digitaal	Digital
Editie	Utgåva
Feiten	Fakta
Financiering	Finansiering
Individueel	Enskild
Industrie	Industri
Intellectueel	Intellektuell
Kranten	Tidningar
Lokaal	Lokal
Mening	Åsikt
Netwerk	Nätverk
Onderwijs	Utbildning
Online	Uppkopplad
Publiek	Offentlig
Radio	Radio
Televisie	Tv
Tijdschriften	Tidning

Diplomatie
Diplomati

Adviseur	Rådgivare
Ambassade	Ambassad
Ambassadeur	Ambassadör
Burgers	Medborgare
Conflict	Konflikt
Diplomatiek	Diplomatisk
Discussie	Diskussion
Ethiek	Etik
Gemeenschap	Gemenskap
Gerechtigheid	Rättvisa
Humanitair	Humanitär
Integriteit	Integritet
Oplossing	Lösning
Politiek	Politik
Regering	Regering
Resolutie	Resolution
Samenwerking	Samarbete
Talen	Språk
Veiligheid	Säkerhet
Verdrag	Fördrag

Ecologie
Ekologi

Bergen	Berg
Diversiteit	Mångfald
Droogte	Torka
Duurzaam	Hållbar
Fauna	Fauna
Flora	Flora
Gemeenschappen	Samhällen
Globaal	Global
Habitat	Livsmiljö
Klimaat	Klimat
Marinier	Marin
Moeras	Kärr
Natuur	Natur
Natuurlijk	Naturlig
Overleving	Överlevnad
Planten	Växter
Soort	Art
Variëteit	Mängd
Vegetatie	Vegetation
Vrijwilligers	Frivilliga

Emoties
Känslor

Angst	Rädsla
Beschaamd	Generad
Dankbaar	Tacksam
Droefheid	Sorg
Gelukzaligheid	Salighet
Inhoud	Innehåll
Liefde	Kärlek
Ontspannen	Avslappnad
Opgewonden	Upphetsad
Opluchting	Lättnad
Rust	Lugn
Sympathie	Sympati
Tederheid	Ömhet
Tevreden	Nöjd
Verrassing	Överraskning
Verveling	Leda
Vrede	Fred
Vreugde	Glädje
Vriendelijkheid	Vänlighet
Woede	Ilska

Energie
Energi

Accu	Batteri
Benzine	Bensin
Brandstof	Bränsle
Diesel	Diesel
Elektrisch	Elektrisk
Elektron	Elektron
Entropie	Entropi
Foton	Foton
Hernieuwbaar	Förnybar
Industrie	Industri
Koolstof	Kol
Motor	Motor
Nucleair	Kärnkraft
Omgeving	Miljö
Stoom	Ånga
Turbine	Turbin
Vervuiling	Förorening
Warmte	Värme
Waterstof	Väte
Wind	Vind

Engineering
Teknik

As	Axel
Berekening	Beräkning
Beweging	Rörelse
Bouw	Konstruktion
Diagram	Diagram
Diameter	Diameter
Diepte	Djup
Diesel	Diesel
Energie	Energi
Hoek	Vinkel
Kracht	Styrka
Machine	Maskin
Meting	Mätning
Motor	Motor
Rotatie	Rotation
Stabiliteit	Stabilitet
Structuur	Struktur
Vloeistof	Vätska
Voortstuwing	Framdrivning
Wrijving	Friktion

Eten #1
Mat #1

Aardbei	Jordgubb
Abrikoos	Aprikos
Basilicum	Basilika
Citroen	Citron
Gerst	Korn
Kaneel	Kanel
Knoflook	Vitlök
Melk	Mjölk
Peer	Päron
Pinda	Jordnöt
Salade	Sallad
Sap	Juice
Soep	Soppa
Spinazie	Spenat
Suiker	Socker
Tonijn	Tonfisk
Ui	Lök
Vlees	Kött
Wortel	Morot
Zout	Salt

Eten #2
Mat #2

Amandel	Mandel
Ananas	Ananas
Appel	Äpple
Asperge	Sparris
Aubergine	Äggplanta
Banaan	Banan
Broccoli	Broccoli
Brood	Bröd
Druif	Druva
Ei	Ägg
Ham	Skinka
Kaas	Ost
Kip	Kyckling
Kiwi	Kiwi
Perzik	Persika
Rijst	Ris
Tarwe	Vete
Tomaat	Tomat
Vis	Fisk
Yoghurt	Yoghurt

Ethiek
Etik

Altruïsme	Altruism
Diplomatiek	Diplomatisk
Eerbiedig	Respektfull
Eerlijkheid	Ärlighet
Filosofie	Filosofi
Geduld	Tålamod
Individualisme	Individualism
Integriteit	Integritet
Mededogen	Medkänsla
Mensheid	Mänskligheten
Optimisme	Optimism
Rationaliteit	Rationalitet
Realisme	Realism
Redelijk	Rimlig
Samenwerking	Samarbete
Tolerantie	Tolerans
Vriendelijkheid	Vänlighet
Waarden	Värden
Waardigheid	Värdighet
Wijsheid	Visdom

Fruit
Frukt

Abrikoos	Aprikos
Ananas	Ananas
Appel	Äpple
Avocado	Avokado
Banaan	Banan
Bes	Bär
Citroen	Citron
Druif	Druva
Framboos	Hallon
Kers	Körsbär
Kiwi	Kiwi
Kokosnoot	Kokos
Mango	Mango
Meloen	Melon
Nectarine	Nektarin
Oranje	Apelsin
Papaja	Papaya
Peer	Päron
Perzik	Persika
Pruim	Plommon

Gebouwen
Byggnader

Ambassade	Ambassad
Appartement	Lägenhet
Bioscoop	Bio
Boerderij	Gård
Cabine	Stuga
Fabriek	Fabrik
Hotel	Hotell
Kasteel	Slott
Laboratorium	Laboratorium
Museum	Museum
Observatorium	Observatorium
School	Skola
Schuur	Lada
Stadion	Stadion
Supermarkt	Mataffär
Tent	Tält
Theater	Teater
Toren	Torn
Universiteit	Universitet
Ziekenhuis	Sjukhus

Geografie
Geografi

Atlas	Atlas
Berg	Berg
Breedtegraad	Breddgrad
Continent	Kontinent
Eiland	Ö
Evenaar	Ekvator
Halfrond	Halvklot
Hoogte	Höjd
Kaart	Karta
Land	Land
Lengtegraad	Longitud
Meridiaan	Meridian
Noorden	Norr
Regio	Område
Rivier	Flod
Stad	Stad
Wereld	Värld
Westen	Väst
Zee	Hav
Zuiden	Söder

Geologie
Geologi

Aardbeving	Jordbävning
Calcium	Kalcium
Continent	Kontinent
Erosie	Erosion
Fossiel	Fossil
Geiser	Gejser
Gesmolten	Smält
Grot	Grotta
Koraal	Korall
Kristallen	Kristaller
Kwarts	Kvarts
Laag	Lager
Lava	Lava
Plateau	Platå
Stalactiet	Stalaktit
Steen	Sten
Vulkaan	Vulkan
Zone	Zon
Zout	Salt
Zuur	Syra

Geometrie
Geometri

Berekening	Beräkning
Cirkel	Cirkel
Curve	Kurva
Diameter	Diameter
Dimensie	Dimension
Driehoek	Triangel
Hoek	Vinkel
Hoogte	Höjd
Horizontaal	Horisontell
Logica	Logik
Loodrecht	Vinkelrät
Massa	Massa
Mediaan	Median
Oppervlak	Yta
Parallel	Parallell
Segment	Segment
Symmetrie	Symmetri
Theorie	Teori
Vergelijking	Ekvation
Verticaal	Vertikal

Getallen
Nummer

Acht	Åtta
Achttien	Arton
Dertien	Tretton
Drie	Tre
Een	Ett
Negen	Nio
Negentien	Nitton
Nul	Noll
Tien	Tio
Twaalf	Tolv
Twee	Två
Twintig	Tjugo
Veertien	Fjorton
Vier	Fyra
Vijf	Fem
Vijftien	Femton
Zes	Sex
Zestien	Sexton
Zeven	Sju
Zeventien	Sjutton

Gezondheid en Welzijn #1
Hälsa och Välbefinnande

Actief	Aktiv
Apotheek	Apotek
Bacteriën	Bakterie
Behandeling	Behandling
Breuk	Fraktur
Dokter	Läkare
Gewoonte	Vana
Honger	Hunger
Hoogte	Höjd
Hormonen	Hormoner
Huid	Hud
Kliniek	Klinik
Letsel	Skada
Medicijn	Medicin
Ontspanning	Avkoppling
Reflex	Reflex
Spieren	Muskler
Therapie	Terapi
Virus	Virus
Zenuwen	Nerver

Gezondheid en Welzijn #2
Hälsa och Välbefinnande

Allergie	Allergi
Anatomie	Anatomi
Bloed	Blod
Calorie	Kalori
Dieet	Kost
Energie	Energi
Genetica	Genetik
Gewicht	Vikt
Gezond	Friska
Herstel	Återhämtning
Hygiëne	Hygien
Infectie	Infektion
Lichaam	Kropp
Massage	Massage
Spijsvertering	Matsmältning
Stress	Påfrestning
Vitamine	Vitamin
Voeding	Näring
Ziekenhuis	Sjukhus
Ziekte	Sjukdom

Groenten
Grönsaker

Artisjok	Kronärtskocka
Aubergine	Äggplanta
Broccoli	Broccoli
Erwt	Ärta
Gember	Ingefära
Knoflook	Vitlök
Komkommer	Gurka
Olijf	Oliv
Paddestoel	Svamp
Peterselie	Persilja
Pompoen	Pumpa
Raap	Rova
Radijs	Rädisa
Salade	Sallad
Selderij	Selleri
Sjalot	Schalottenlök
Spinazie	Spenat
Tomaat	Tomat
Ui	Lök
Wortel	Morot

Haartypes
Hårtyper

Blond	Blond
Bruin	Brun
Dik	Tjock
Droog	Torr
Dun	Tunn
Gekleurd	Färgad
Gevlochten	Flätad
Gezond	Friska
Golvend	Vågig
Grijs	Grå
Hoofdhuid	Skalp
Kaal	Skallig
Kort	Kort
Krullen	Lockar
Krullend	Lockigt
Lang	Lång
Wit	Vit
Zacht	Mjuk
Zilver	Silver
Zwart	Svart

Herbalisme
Herbalism

Aromatisch	Aromatisk
Basilicum	Basilika
Bloem	Blomma
Culinair	Kulinarisk
Dille	Dill
Dragon	Dragon
Groen	Grön
Ingrediënt	Ingrediens
Knoflook	Vitlök
Kwaliteit	Kvalitet
Lavendel	Lavendel
Marjolein	Mejram
Oregano	Oregano
Peterselie	Persilja
Rozemarijn	Rosmarin
Saffraan	Saffran
Smaak	Smak
Tijm	Timjan
Tuin	Trädgård
Venkel	Fänkål

Huis
Hus

Bezem	Kvast
Bibliotheek	Bibliotek
Dak	Tak
Deur	Dörr
Douche	Dusch
Garage	Garage
Haard	Öppen Spis
Hek	Staket
Kamer	Rum
Kelder	Källare
Keuken	Kök
Lamp	Lampa
Meubilair	Möbel
Muur	Vägg
Schoorsteen	Skorsten
Slaapkamer	Sovrum
Spiegel	Spegel
Tapijt	Matta
Tuin	Trädgård
Zolder	Vind

Installaties
Växter

Bamboe	Bambu
Bes	Bär
Blad	Blad
Bloem	Blomma
Boom	Träd
Boon	Böna
Bos	Skog
Cactus	Kaktus
Flora	Flora
Gebladerte	Lövverk
Gras	Gräs
Klimop	Murgröna
Kruid	Ört
Mest	Gödsel
Mos	Mossa
Plantkunde	Botanik
Struik	Buske
Tuin	Trädgård
Vegetatie	Vegetation
Wortel	Rot

Jazz
Jazz

Album	Album
Applaus	Applåder
Artiest	Konstnär
Beroemd	Känd
Componist	Kompositör
Concert	Konsert
Favorieten	Favoriter
Genre	Genre
Improvisatie	Improvisation
Invloed	Influenser
Lied	Låt
Muziek	Musik
Nadruk	Betoning
Nieuw	Ny
Orkest	Orkester
Oud	Gammal
Ritme	Rytm
Stijl	Stil
Talent	Talang
Techniek	Teknik

Keuken
Kök

Cup	Koppar
Eetstokjes	Ätpinnar
Grill	Grill
Ketel	Vattenkokare
Koelkast	Kylskåp
Kom	Skål
Kruik	Kanna
Lepels	Skedar
Messen	Knivar
Oven	Ugn
Pollepel	Slev
Pot	Burk
Recept	Recept
Schort	Förkläde
Servet	Servett
Specerijen	Kryddor
Spons	Svamp
Voedsel	Mat
Vorken	Gafflar
Vriezer	Frys

Kleding
Kläder

Armband	Armband
Blouse	Blus
Broek	Byxor
Handschoenen	Handskar
Hoed	Hatt
Jas	Päls
Jasje	Jacka
Jurk	Klänning
Ketting	Halsband
Mode	Mode
Pyjama	Pyjamas
Riem	Bälte
Rok	Kjol
Sandalen	Sandaler
Schoen	Sko
Schort	Förkläde
Shirt	Skjorta
Sjaal	Halsduk
Sokken	Strumpor
Trui	Tröja

Klimmen
Klättring

Atmosfeer	Atmosfär
Deskundige	Expert
Fysiek	Fysisk
Gidsen	Guide
Grot	Grotta
Handschoenen	Handskar
Helm	Hjälm
Hoogte	Höjd
Kaart	Karta
Kracht	Styrka
Laarzen	Stövlar
Letsel	Skada
Nieuwsgierigheid	Nyfikenhet
Opleiding	Träning
Smal	Smal
Stabiliteit	Stabilitet
Terrein	Terräng
Uitdagingen	Utmaningar
Wandelen	Vandring

Koffie
Kaffe

Aroma	Arom
Beker	Kopp
Bitter	Bitter
Cafeïne	Koffein
Drank	Dryck
Filter	Filter
Geroosterd	Rostad
Malen	Slipa
Melk	Mjölk
Ochtend	Morgon
Oorsprong	Ursprung
Prijs	Pris
Room	Grädde
Smaak	Smak
Suiker	Socker
Variëteit	Mängd
Vloeistof	Vätska
Water	Vatten
Zuur	Sur
Zwart	Svart

Kracht en Zwaartekracht
Kraft och Gravitation

Afstand	Avstånd
As	Axel
Baan	Omloppsbana
Beweging	Rörelse
Centrum	Centrum
Druk	Tryck
Dynamisch	Dynamisk
Eigendommen	Egenskaper
Gewicht	Vikt
Impact	Effekt
Magnetisme	Magnetism
Mechanica	Mekanik
Natuurkunde	Fysik
Ontdekking	Upptäckt
Planeten	Planeter
Snelheid	Hastighet
Tijd	Tid
Uitbreiding	Expansion
Universeel	Universell
Wrijving	Friktion

Kunst
Konst

Beeldhouwwerk	Skulptur
Complex	Komplex
Creëren	Skapa
Eenvoudig	Enkel
Eerlijk	Ärlig
Figuur	Figur
Geïnspireerd	Inspirerad
Humeur	Humör
Keramisch	Keramik
Onderwerp	Ämne
Origineel	Original
Persoonlijk	Personlig
Poëzie	Poesi
Portretteren	Skildra
Schilderijen	Målningar
Surrealisme	Surrealism
Symbool	Symbol
Uitdrukking	Uttryck
Visueel	Visuell

Kunstbenodigdheden
Konstmaterial

Acryl	Akryl
Aquarellen	Akvareller
Borstels	Borstar
Camera	Kamera
Creativiteit	Kreativitet
Ezel	Staffli
Gom	Suddgummi
Houtskool	Träkol
Ideeën	Idéer
Inkt	Bläck
Klei	Lera
Kleuren	Färger
Lijm	Lim
Olie	Olja
Papier	Papper
Potloden	Pennor
Stoel	Stol
Tafel	Tabell
Verf	Färg
Water	Vatten

Landen #1
Länder #1

België	Belgien
Brazilië	Brasilien
Cambodja	Kambodja
Canada	Kanada
Chili	Chile
Duitsland	Tyskland
Egypte	Egypten
Irak	Irak
Israël	Israel
Italië	Italien
Letland	Lettland
Libië	Libyen
Marokko	Marocko
Nicaragua	Nicaragua
Noorwegen	Norge
Panama	Panama
Polen	Polen
Roemenië	Rumänien
Senegal	Senegal
Spanje	Spanien

Landen #2
Länder #2

Denemarken	Danmark
Ethiopië	Etiopien
Frankrijk	Frankrike
Griekenland	Grekland
Ierland	Irland
Indonesië	Indonesien
Japan	Japan
Kenia	Kenya
Laos	Laos
Libanon	Libanon
Liberia	Liberia
Maleisië	Malaysia
Mexico	Mexico
Nepal	Nepal
Nigeria	Nigeria
Oeganda	Uganda
Oekraïne	Ukraina
Rusland	Ryssland
Somalië	Somalia
Syrië	Syrien

Landschappen

Landskap

Berg	Berg
Eiland	Ö
Geiser	Gejser
Gletsjer	Glaciär
Golf	Golf
Grot	Grotta
Heuvel	Kulle
Ijsberg	Isberg
Meer	Sjö
Moeras	Träsk
Oase	Oas
Rivier	Flod
Schiereiland	Halvö
Strand	Strand
Toendra	Tundra
Vallei	Dal
Vulkaan	Vulkan
Waterval	Vattenfall
Woestijn	Öken
Zee	Hav

Literatuur

Litteratur

Analogie	Analogi
Analyse	Analys
Anekdote	Anekdot
Auteur	Författare
Biografie	Biografi
Conclusie	Slutsats
Dialoog	Dialog
Gedicht	Dikt
Mening	Åsikt
Metafoor	Metafor
Omschrijving	Beskrivning
Poëtisch	Poetisk
Rijm	Rim
Ritme	Rytm
Roman	Roman
Stijl	Stil
Thema	Tema
Tragedie	Tragedi
Vergelijking	Jämförelse
Verteller	Berättare

Meditatie

Meditation

Aandacht	Uppmärksamhet
Aanvaarding	Godkännande
Ademhaling	Andas
Beweging	Rörelse
Dankbaarheid	Tacksamhet
Emoties	Känslor
Gedachten	Tankar
Geluk	Lycka
Helderheid	Klarhet
Houding	Hållning
Mededogen	Medkänsla
Mentaal	Psykisk
Muziek	Musik
Natuur	Natur
Observatie	Observation
Perspectief	Perspektiv
Stilte	Tystnad
Vrede	Fred
Vriendelijkheid	Vänlighet
Wakker	Vaken

Meer Informatie

Science Fiction

Bioscoop	Bio
Boeken	Böcker
Brand	Eld
Denkbeeldig	Imaginär
Dystopie	Dystopi
Explosie	Explosion
Extreem	Extrem
Fantastisch	Fantastisk
Futuristisch	Trogen
Illusie	Illusion
Mysterieus	Mystisk
Orakel	Orakel
Planeet	Planet
Realistisch	Realistisk
Robots	Robotar
Scenario	Scenario
Sterrenstelsel	Galax
Technologie	Teknik
Utopie	Utopi
Wereld	Värld

Menselijk Lichaam

Människokroppen

Been	Ben
Bloed	Blod
Elleboog	Armbåge
Enkel	Fotled
Hand	Hand
Hart	Hjärta
Hersenen	Hjärna
Hoofd	Huvud
Huid	Hud
Kaak	Käke
Kin	Haka
Knie	Knä
Maag	Mage
Mond	Mun
Nek	Hals
Neus	Näsa
Oor	Öra
Schouder	Axel
Tong	Tunga
Vinger	Finger

Metingen

Mått

Breedte	Bredd
Byte	Byte
Centimeter	Centimeter
Decimaal	Decimal
Diepte	Djup
Gewicht	Vikt
Graad	Grad
Gram	Gram
Hoogte	Höjd
Inch	Tum
Kilogram	Kilogram
Kilometer	Kilometer
Lengte	Längd
Liter	Liter
Massa	Massa
Meter	Meter
Minuut	Minut
Ons	Uns
Ton	Ton
Volume	Volym

Mode
Mode

Bescheiden	Blygsam
Betaalbaar	Prisvärd
Borduurwerk	Broderi
Comfortabel	Bekväm
Duur	Dyr
Eenvoudig	Enkel
Elegant	Elegant
Kant	Spets
Kleding	Kläder
Knop	Knappar
Minimalistisch	Minimalistisk
Modern	Modern
Origineel	Original
Patroon	Mönster
Praktisch	Praktisk
Stijl	Stil
Stof	Tyg
Textuur	Textur
Trend	Trend
Winkel	Boutique

Muziek
Musik

Album	Album
Ballade	Ballad
Harmonie	Harmoni
Improviseren	Improvisera
Instrument	Instrument
Klassiek	Klassisk
Koor	Kör
Lyrisch	Lyrisk
Melodie	Melodi
Microfoon	Mikrofon
Muzikaal	Musikalisk
Muzikant	Musiker
Opera	Opera
Opname	Inspelning
Poëtisch	Poetisk
Ritme	Rytm
Ritmisch	Rytmisk
Tempo	Tempo
Zanger	Sångare
Zingen	Sjunga

Muziekinstrumenten
Musikinstrument

Banjo	Banjo
Cello	Cello
Fagot	Fagott
Fluit	Flöjt
Gitaar	Gitarr
Gong	Gong
Harp	Harpa
Hobo	Oboe
Klarinet	Klarinett
Mandoline	Mandolin
Marimba	Marimba
Mondharmonica	Munspel
Percussie	Slagverk
Piano	Piano
Saxofoon	Saxofon
Tamboerijn	Tamburin
Trombone	Trombon
Trommel	Trumma
Trompet	Trumpet
Viool	Fiol

Mythologie
Mytologi

Archetype	Arketyp
Bliksem	Blixt
Creatie	Skapande
Cultuur	Kultur
Donder	Åska
Doolhof	Labyrint
Gedrag	Beteende
Held	Hjälte
Heldin	Hjältinna
Hemel	Himmel
Jaloezie	Svartsjuka
Kracht	Styrka
Krijger	Krigare
Legende	Legend
Monster	Monster
Onsterfelijkheid	Odödlighet
Ramp	Katastrof
Sterfelijk	Dödlig
Wezen	Varelse
Wraak	Hämnd

Natuur
Natur

Arctisch	Arktisk
Bijen	Bin
Bos	Skog
Dieren	Djur
Dynamisch	Dynamisk
Erosie	Erosion
Gebladerte	Lövverk
Gletsjer	Glaciär
Heiligdom	Fristad
Klippen	Klippor
Mist	Dimma
Rivier	Flod
Schoonheid	Skönhet
Schuilplaats	Skydd
Sereen	Lugn
Tropisch	Tropisk
Vitaal	Avgörande
Wild	Vild
Woestijn	Öken
Wolken	Moln

Natuurkunde
Fysik

Atoom	Atom
Chaos	Kaos
Chemisch	Kemisk
Deeltje	Partikel
Dichtheid	Densitet
Elektron	Elektron
Experiment	Experiment
Formule	Formel
Frequentie	Frekvens
Gas	Gas
Magnetisme	Magnetism
Massa	Massa
Mechanica	Mekanik
Molecuul	Molekyl
Motor	Motor
Relativiteit	Relativitet
Snelheid	Hastighet
Universeel	Universell
Versnelling	Acceleration
Zwaartekracht	Allvar

Oceaan
Hav

Aal	Ål
Algen	Alger
Boot	Båt
Dolfijn	Delfin
Garnaal	Räka
Getijden	Tidvatten
Haai	Haj
Koraal	Korall
Krab	Krabba
Kwal	Manet
Octopus	Bläckfisk
Oester	Ostron
Rif	Rev
Schildpad	Sköldpadda
Spons	Svamp
Storm	Storm
Tonijn	Tonfisk
Vis	Fisk
Walvis	Val
Zout	Salt

Opwarming van de Aarde
Global Uppvärmning

Aandacht	Uppmärksamhet
Arctisch	Arktisk
Crisis	Kris
Energie	Energi
Gas	Gas
Gegevens	Data
Generaties	Generationer
Gevolgen	Konsekvenser
Industrie	Industri
Klimaat	Klimat
Mensen	Människor
Milieu	Miljö
Nu	Nu
Ontwikkeling	Utveckling
Populaties	Befolkningar
Regering	Regering
Temperaturen	Temperaturer
Toekomst	Framtid
Wetenschapper	Forskare
Wetgeving	Lagstiftning

Overheid
Regeringen

Burgerschap	Medborgarskap
Civiel	Civil
Democratie	Demokrati
Discussie	Diskussion
Gelijkheid	Jämlikhet
Gerechtelijk	Rättslig
Gerechtigheid	Rättvisa
Grondwet	Konstitution
Leider	Ledare
Monument	Monument
Natie	Nation
Nationaal	Nationell
Politiek	Politik
Rechten	Rättigheter
Staat	Stat
Symbool	Symbol
Toespraak	Tal
Vrijheid	Frihet
Wet	Lag
Wijk	Distrikt

Psychologie
Psykologi

Afspraak	Utnämning
Beoordeling	Bedömning
Bewusteloos	Medvetslös
Cognitie	Kognition
Conflict	Konflikt
Dromen	Drömmar
Ego	Ego
Emoties	Känslor
Ervaringen	Erfarenheter
Gedachten	Tankar
Gedrag	Beteende
Gevoel	Känsla
Invloed	Influenser
Jeugd	Barndom
Klinisch	Klinisk
Perceptie	Uppfattning
Persoonlijkheid	Personlighet
Probleem	Problem
Realiteit	Verklighet
Therapie	Terapi

Regenwoud
Regnskog

Amfibieën	Amfibier
Behoud	Bevarande
Botanisch	Botanisk
Diversiteit	Mångfald
Gemeenschap	Gemenskap
Inheems	Inhemsk
Insecten	Insekter
Jungle	Djungel
Klimaat	Klimat
Mos	Mossa
Natuur	Natur
Overleving	Överlevnad
Respect	Respekt
Restauratie	Restaurering
Soort	Art
Toevlucht	Tillflykt
Vogels	Fåglar
Waardevol	Värdefull
Wolken	Moln
Zoogdieren	Däggdjur

Restaurant #2
Restaurang nr 2

Cake	Kaka
Diner	Middag
Drank	Dryck
Eieren	Ägg
Fruit	Frukt
Groente	Grönsaker
Heerlijk	Läcker
Ijs	Is
Lepel	Sked
Lunch	Lunch
Noedels	Nudlar
Ober	Servitör
Salade	Sallad
Soep	Soppa
Specerijen	Kryddor
Stoel	Stol
Vis	Fisk
Vork	Gaffel
Water	Vatten
Zout	Salt

Rijden
Körning

Auto	Bil
Brandstof	Bränsle
Garage	Garage
Gas	Gas
Gevaar	Fara
Kaart	Karta
Licentie	Licens
Motor	Motor
Motorfiets	Motorcykel
Ongeluk	Olycka
Politie	Polis
Remmen	Bromsar
Snelheid	Hastighet
Straat	Gata
Tunnel	Tunnel
Veiligheid	Säkerhet
Verkeer	Trafik
Voetganger	Fotgängare
Vrachtauto	Lastbil
Weg	Väg

Schoonheid
Skönhet

Charme	Charm
Cosmetica	Kosmetika
Diensten	Tjänster
Elegant	Elegant
Elegantie	Elegans
Fotogeniek	Fotogenisk
Genade	Nåd
Geur	Doft
Glad	Slät
Huid	Hud
Kleur	Färg
Krullen	Lockar
Lippenstift	Läppstift
Mascara	Mascara
Producten	Produkter
Schaar	Sax
Shampoo	Schampo
Spiegel	Spegel
Stilist	Stylist
Verzinnen	Smink

Specerijen
Kryddor

Anijs	Anis
Bitter	Bitter
Gember	Ingefära
Kaneel	Kanel
Kardemom	Kardemumma
Kerrie	Curry
Knoflook	Vitlök
Komijn	Kummin
Koriander	Koriander
Kruidnagel	Kryddnejlika
Nootmuskaat	Muskot
Paprika	Paprika
Peper	Peppar
Saffraan	Saffran
Smaak	Smak
Ui	Lök
Vanille	Vanilj
Venkel	Fänkål
Zoet	Söt
Zout	Salt

Stad
Staden

Apotheek	Apotek
Bakkerij	Bageri
Bank	Bank
Bibliotheek	Bibliotek
Bioscoop	Bio
Boekhandel	Bokhandel
Dierentuin	Zoo
Galerij	Galleri
Hotel	Hotell
Kliniek	Klinik
Luchthaven	Flygplats
Markt	Marknad
Museum	Museum
Restaurant	Restaurang
School	Skola
Stadion	Stadion
Supermarkt	Mataffär
Theater	Teater
Universiteit	Universitet
Winkel	Lagra

Tijd
Tid

Dag	Dag
Decennium	Årtionde
Eeuw	Århundrade
Gisteren	Igår
Jaar	År
Jaarlijks	Årlig
Kalender	Kalender
Klok	Klocka
Maand	Månad
Middag	Middag
Minuut	Minut
Na	Efter
Nacht	Natt
Nu	Nu
Ochtend	Morgon
Toekomst	Framtid
Uur	Timme
Vandaag	Idag
Vroeg	Tidig
Week	Vecka

Tuin
Trädgård

Bank	Bänk
Bloem	Blomma
Boom	Träd
Boomgaard	Fruktträdgård
Garage	Garage
Gazon	Gräsmatta
Gras	Gräs
Hangmat	Hängmatta
Hark	Räfsa
Hek	Staket
Onkruid	Ogräs
Schop	Skyffel
Slang	Slang
Struik	Buske
Terras	Terrass
Trampoline	Trampolin
Tuin	Trädgård
Veranda	Veranda
Vijver	Damm
Wijnstok	Vin

Universum

Universum

Asteroïde	Asteroid
Astronomie	Astronomi
Astronoom	Astronom
Atmosfeer	Atmosfär
Baan	Omloppsbana
Breedtegraad	Breddgrad
Dierenriem	Djurkretsen
Duisternis	Mörker
Evenaar	Ekvator
Halfrond	Halvklot
Hemel	Himmel
Horizon	Horisont
Kantelen	Luta
Kosmisch	Kosmisk
Lengtegraad	Longitud
Maan	Måne
Sterrenstelsel	Galax
Telescoop	Teleskop
Zichtbaar	Synlig
Zonnewende	Solstånd

Vakantie #2

Semester # 2

Bestemming	Destination
Buitenlander	Utlänning
Buitenlands	Utländsk
Eiland	Ö
Hotel	Hotell
Kaart	Karta
Kamperen	Camping
Luchthaven	Flygplats
Paspoort	Pass
Reis	Resa
Reserveringen	Reservationer
Restaurant	Restaurang
Strand	Strand
Taxi	Taxi
Tent	Tält
Vakantie	Semester
Vervoer	Transport
Visum	Visum
Vrije Tijd	Fritid
Zee	Hav

Vliegtuigen

Flygplan

Afdaling	Härkomst
Atmosfeer	Atmosfär
Avontuur	Äventyr
Ballon	Ballong
Bemanning	Besättning
Bouw	Konstruktion
Brandstof	Bränsle
Geschiedenis	Historia
Hemel	Himmel
Hoogte	Höjd
Landen	Landning
Lucht	Luft
Motor	Motor
Navigeren	Navigera
Ontwerp	Design
Passagier	Passagerare
Piloot	Pilot
Richting	Riktning
Turbulentie	Turbulens
Waterstof	Väte

Voeding

Näring

Bitter	Bitter
Calorieën	Kalorier
Dieet	Kost
Eetbaar	Ätlig
Eetlust	Aptit
Eiwitten	Proteiner
Evenwichtig	Balanserad
Fermentatie	Jäsning
Gewicht	Vikt
Gezond	Friska
Gezondheid	Hälsa
Koolhydraten	Kolhydrater
Kwaliteit	Kvalitet
Saus	Sås
Smaak	Smak
Spijsvertering	Matsmältning
Toxine	Toxin
Vitamine	Vitamin
Vloeistoffen	Vätskor
Voedingsstof	Näringsämne

Voertuigen

Fordon

Ambulance	Ambulans
Auto	Bil
Banden	Däck
Boot	Båt
Bus	Buss
Caravan	Husvagn
Fiets	Cykel
Helikopter	Helikopter
Metro	Tunnelbana
Motor	Motor
Onderzeeër	Ubåt
Raket	Raket
Scooter	Skoter
Taxi	Taxi
Tractor	Traktor
Trein	Tåg
Veerboot	Färja
Vliegtuig	Flygplan
Vlot	Flotte
Vrachtauto	Lastbil

Vogels

Fåglar

Duif	Duva
Eend	Anka
Ei	Ägg
Flamingo	Flamingo
Gans	Gås
Kip	Kyckling
Koekoek	Gök
Kraai	Kråka
Meeuw	Mås
Mus	Sparv
Ooievaar	Stork
Papegaai	Papegoja
Pauw	Påfågel
Pelikaan	Pelikan
Pinguïn	Pingvin
Reiger	Häger
Struisvogel	Struts
Toekan	Toucan
Uil	Uggla
Zwaan	Svan

Vormen
Former

Bol	Sfär
Boog	Båge
Cilinder	Cylinder
Cirkel	Cirkel
Curve	Kurva
Driehoek	Triangel
Hoek	Hörn
Hyperbool	Hyperbel
Kant	Sida
Kegel	Kon
Kubus	Kub
Lijn	Linje
Ovaal	Oval
Piramide	Pyramid
Prisma	Prisma
Randen	Kanter
Rechthoek	Rektangel
Ronde	Rund
Veelhoek	Polygon
Vierkant	Torg

Wandelen
Vandring

Berg	Berg
Dieren	Djur
Gevaren	Risker
Kaart	Karta
Kamperen	Camping
Klif	Klippa
Klimaat	Klimat
Laarzen	Stövlar
Moe	Trött
Muggen	Mygg
Natuur	Natur
Oriëntatie	Orientering
Parken	Parker
Stenen	Stenar
Top	Toppmöte
Voorbereiding	Förberedelse
Water	Vatten
Wild	Vild
Zon	Sol
Zwaar	Tung

Water
Vatten

Douche	Dusch
Geiser	Gejser
Golven	Vågor
Ijs	Is
Irrigatie	Bevattning
Kanaal	Kanal
Meer	Sjö
Moesson	Monsun
Oceaan	Hav
Orkaan	Orkan
Overstroming	Översvämning
Regen	Regn
Rivier	Flod
Sneeuw	Snö
Stoom	Ånga
Verdamping	Avdunstning
Vocht	Fukt
Vochtig	Fuktig
Vochtigheid	Fuktighet
Vorst	Frost

Weersomstandigheden
Väder

Atmosfeer	Atmosfär
Bliksem	Blixt
Donder	Åska
Droogte	Torka
Hemel	Himmel
Ijs	Is
Klimaat	Klimat
Mist	Dimma
Moesson	Monsun
Orkaan	Orkan
Overstroming	Översvämning
Polair	Polära
Regenboog	Regnbåge
Storm	Storm
Temperatuur	Temperatur
Tornado	Tromb
Tropisch	Tropisk
Vochtig	Fuktig
Wind	Vind
Wolk	Moln

Wetenschap
Vetenskap

Atoom	Atom
Chemisch	Kemisk
Deeltjes	Partiklar
Evolutie	Evolution
Experiment	Experiment
Feit	Faktum
Fossiel	Fossil
Gegevens	Data
Hypothese	Hypotes
Klimaat	Klimat
Laboratorium	Laboratorium
Methode	Metod
Mineralen	Mineraler
Moleculen	Molekyler
Natuur	Natur
Natuurkunde	Fysik
Observatie	Observation
Organisme	Organism
Wetenschapper	Forskare
Zwaartekracht	Allvar

Wetenschappelijke Discip
Vetenskapliga Discipliner

Anatomie	Anatomi
Archeologie	Arkeologi
Astronomie	Astronomi
Biochemie	Biokemi
Biologie	Biologi
Chemie	Kemi
Ecologie	Ekologi
Fysiologie	Fysiologi
Geologie	Geologi
Immunologie	Immunologi
Mechanica	Mekanik
Meteorologie	Meteorologi
Mineralogie	Mineralogi
Neurologie	Neurologi
Plantkunde	Botanik
Psychologie	Psykologi
Robotica	Robotteknik
Sociologie	Sociologi
Thermodynamica	Termodynamik
Voeding	Näring

Wiskunde
Matematik

Bol	Sfär
Decimaal	Decimal
Diameter	Diameter
Divisie	Division
Driehoek	Triangel
Exponent	Exponent
Fractie	Fraktion
Geometrie	Geometri
Hoeken	Vinklar
Loodrecht	Vinkelrät
Omtrek	Omkrets
Parallel	Parallell
Rechthoek	Rektangel
Rekenkundig	Aritmetisk
Som	Summa
Symmetrie	Symmetri
Veelhoek	Polygon
Vergelijking	Ekvation
Vierkant	Torg
Volume	Volym

Zakelijk
Företag

Bedrijf	Företag
Begroting	Budget
Belastingen	Skatter
Carrière	Karriär
Economie	Ekonomi
Fabriek	Fabrik
Financiën	Finans
Geld	Pengar
Inkomen	Inkomst
Investering	Investering
Kantoor	Kontor
Korting	Rabatt
Kosten	Kosta
Transactie	Transaktion
Valuta	Valuta
Verkoop	Försäljning
Werkgever	Arbetsgivare
Werknemer	Anställd
Winkel	Butik
Winst	Vinst

Ziekte
Sjukdom

Acuut	Akut
Ademhaling	Respiratorisk
Allergieën	Allergier
Besmettelijk	Smittsam
Botten	Ben
Buik	Buk
Chronisch	Kronisk
Erfelijk	Ärftlig
Genetisch	Genetisk
Gezondheid	Hälsa
Hart	Hjärta
Immuniteit	Immunitet
Lenden-	Ländryggen
Lichaam	Kropp
Neuropathie	Neuropati
Ontsteking	Inflammation
Syndroom	Syndrom
Therapie	Terapi
Ziekteverwekkers	Patogener
Zwak	Svag

Zoogdieren
Däggdjur

Aap	Apa
Bever	Bäver
Coyote	Prärievarg
Dolfijn	Delfin
Ezel	Åsna
Geit	Get
Giraf	Giraff
Gorilla	Gorilla
Hond	Hund
Kameel	Kamel
Kangoeroe	Känguru
Kat	Katt
Konijn	Kanin
Leeuw	Lejon
Olifant	Elefant
Paard	Häst
Stier	Tjur
Vos	Räv
Walvis	Val
Wolf	Varg

Gefeliciteerd

Je hebt het gehaald!

We hopen dat u net zoveel plezier beleeft aan dit boek als wij aan het maken ervan. We doen ons best om spellen van hoge kwaliteit te maken.
Deze puzzels zijn op een slimme manier ontworpen zodat je actief kunt leren terwijl je plezier hebt!

Vond je ze mooi?

Een Eenvoudig Verzoek

Onze boeken bestaan dankzij de recensies die zij publiceren.
Kunt u ons helpen door nu een mening achter te laten ?

Hier is een korte link die u naar uw
bestellingen beoordelingspagina.

BestBooksActivity.com/Recensie50

FINAAL UITDAGING!

Uitdaging nr. 1

Klaar voor uw bonusspel? We gebruiken ze de hele tijd, maar ze zijn niet zo gemakkelijk te vinden. Hier zijn **Synoniemen!**

Noteer 5 woorden die je ontdekt hebt in elk van de onderstaande puzzels (nr. 21, nr. 36, nr. 76) en probeer voor elk woord 2 synoniemen te vinden.

Notitie 5 Woorden uit ***Puzzle 21***

Woorden	Synoniem 1	Synoniem 2

Notitie 5 Woorden uit ***Puzzle 36***

Woorden	Synoniem 1	Synoniem 2

Notitie 5 Woorden uit ***Puzzle 76***

Woorden	Synoniem 1	Synoniem 2

Uitdaging nr. 2

Nu je opgewarmd bent, noteer 5 woorden die je ontdekt hebt in elke hieronder genoteerde puzzel (nr. 9, nr. 17, nr. 25) en probeer voor elk woord 2 antoniemen te vinden. Hoeveel regels kan je doen in 20 minuten?

Notitie 5 Woorden uit ***Puzzle 9***

Woorden	Antoniem 1	Antoniem 2

Notitie 5 Woorden uit ***Puzzle 17***

Woorden	Antoniem 1	Antoniem 2

Notitie 5 Woorden uit ***Puzzle 25***

Woorden	Antoniem 1	Antoniem 2

Uitdaging nr. 3

Prachtig, deze finaal uitdaging 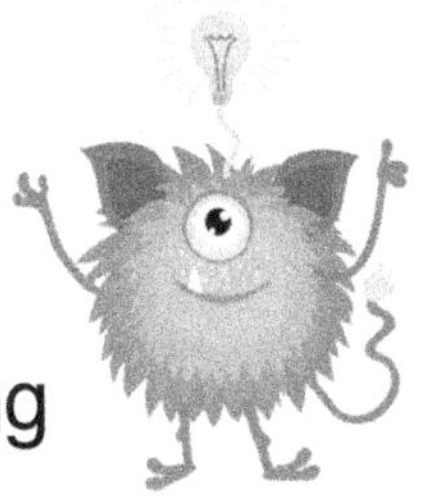 is makkelijk voor jou!

Klaar voor de laatste? Kies je 10 favoriete woorden die je in een van de puzzels hebt ontdekt en noteer ze hieronder.

1.	6.
2.	7.
3.	8.
4.	9.
5.	10.

De uitdaging is nu om met deze woorden en binnen een maximum van zes zinnen een tekst te schrijven over een persoon, dier of plaats waar je van houdt!

Tip: U kunt de laatste blanco pagina van dit boek als kladblaadje gebruiken!

Je schrijven:

NOTITIEBOEKJE:

TOT SNEL!

Linguas Classics

www.ingramcontent.com/pod-product-compliance
Lightning Source LLC
Chambersburg PA
CBHW082101120626
46553CB00011B/3498
* 9 7 9 8 8 9 6 7 0 2 3 8 2 *